COLLECTION
FOLIO / THÉÂTRE

Nathalie Sarraute

Le Silence

Édition présentée,
établie et annotée par Arnaud Rykner

Deuxième édition revue

Gallimard

PRÉFACE

Je veux dire : ne pas construire d'artificielle cohérence, ne pas chercher à donner un sens, lier entre elles des sensations apparemment hétérogènes, se tromper — créativité de l'erreur —, relier une perception d'image à une sensation intime, arrêter l'habituel déroulement des choses pour être attentif aux infimes mouvements de la conscience, à des secousses [...]. Ne pas embellir notre image. Ne pas tricher. Éliminer le menti, le faux-semblant, le trompe-l'œil, la convention, le comme si.

Claude Régy (Espaces perdus)

Replacer Le Silence *dans le contexte de sa rédaction — le début des années soixante et l'apogée du « Nouveau Théâtre » — risquerait fort de nous entraîner à n'en faire qu'une anti-pièce de plus parmi la multitude de celles qui fleurirent alors, du Théâtre de Babylone au Théâtre des Noctambules, de la Huchette au Théâtre de Poche.*

Acceptons cependant l'étiquette. Il sera toujours temps de nous en défaire quand nous en aurons tiré toutes les conséquences... Une « anti-pièce » se doit de refuser ce qui fait la substance d'une pièce traditionnelle. Autant dire que l'œuvre de Sarraute n'y manque pas. Quelle est l'« intrigue » de ce texte ? Six personnages parlent parce qu'un septième se tait. Qui sont ces personnages ? Ils n'ont pas d'identité, pas de nom — tout juste des lettres pour les désigner par commodité —, pas de cohérence véritable — une analyse détaillée des répliques permet de dégager des contradictions flagrantes —, par là même pas de « vérité psychologique », aucune « profondeur ». Ils ne sont que des voix qui alternent et fluctuent dans le noir de l'émission radiophonique. Car dès le départ la pièce, conçue pour la radio (voir notre « dossier » et la note 1 page 31), leur refuse même un support de chair. Ils sont absents, réduits à leurs paroles, pas même à cette bouche qu'isole et magnifie le regard beckettien dans Pas moi.

Et s'il est un danger que court cette écriture, c'est de se voir trop facilement incarnée, chargée du poids de corps auxquels elle n'appartient pas. Elle circule d'un bord à l'autre de la scène sans jamais se fixer sur personne, sans jamais désigner autre chose que l'émotion qui la parcourt. Si l'auteur réclame bien sept acteurs, ce n'est que pour varier les voix, de même que s'il propose un partage entre quatre femmes et trois hommes ce n'est que pour varier les tons. Nulle surdétermination psychologique, sociale ou sexuelle ne doit venir troubler la clarté de l'échange. Tout se passe en quelque sorte entre un pôle positif, d'où part la parole, et un pôle négatif, où va la parole — sens unique qui rend impossible l'ordinaire réciprocité du dialogue théâtral (« Je parle, tu me réponds », disait Jouvet). Aussi le contenu compte-t-il moins que l'impulsion qui le porte. Sarraute se moque parfaitement des auvents de bois du malheureux H, I. *Ce qui l'intéresse c'est la façon dont ils deviennent dérisoires à cause d'un tout petit silence. Elle ne cherche pas à faire œuvre d'analyste dans la mesure où elle ne cherche pas à éclaircir ce même silence (les explications que tente de lui trouver* H. I *le rendent toujours plus confus, toujours moins saisissable). Elle ne crée pas de psychés à disséquer avec délice ; elle ne crée pas d'individus nouveaux. Ses personnages ne sont que des lieux (ceux-là même que Sartre nommait ses « lieux communs », dans la préface de* Portrait d'un inconnu)*, des foyers, des carrefours. C'est-à-dire qu'ils n'existent* *que par ce qu'ils recueillent. Ils s'effacent derrière le verbe qui les traverse, emportant avec lui tout passé, tout futur, tout état civil. Ils sont de nulle part, ils parlent ; ils ne vont nulle part, sinon là où les mènent leurs paroles.*

Or vers quoi tendent ces dernières, qu'est-ce qui les motive, les justifie, les attire ? un trou, un trou énorme placé au cœur du dialogue, le texte absent *du seul personnage à porter un nom, Jean-Pierre. Ainsi n'avons-nous affaire, pour toute matière dramatique, qu'à six voix détachées de tout support qui tournent autour d'un vide qui leur sert de vrai centre et qui vont se perdre en ce centre qui les aspire. Si l'on peut dire également cela des romans de l'écrivain, il est certain cependant que le passage à la scène,* via *la pièce radiophonique, amplifie les mouvements qui ne sont que partiellement esquissés dans les premiers textes. L'écriture théâtrale oblige Sarraute à isoler tel phénomène pour le grossir comme sous une loupe, en lui donnant un espace et un temps à la mesure de ses enjeux réels. Ainsi le silence de Jean-Pierre est-il loin d'être le premier de l'œuvre sarrautienne, de même qu'il ne sera pas le dernier. La tante de* Martereau *(1953) connaissait très bien le pouvoir et les risques du procédé, sachant le cas échéant faire le vide autour d'elle, comme pour assurer sa toute-puissance d'un instant :*

Elle emploie les grands moyens, fait fonctionner ce que j'appelle son système de pompe : son silence devient plus dense, plus lourd, il nous tire à soi plus fort, nos mots sont aspirés par lui, nos mots voltigent entre nous un instant, tout creux, inconsistants, tournoient un moment, et, détournés de leur chemin, ne parvenant pas à atteindre leur but, vont s'écraser quelque part en elle — une petite giclure informe — happés par son silence. Elle le voit très bien et jouit intensément de nos vains efforts. Petit à petit, nous perdons courage : nos voix sonnent de plus en plus faux. Nos mots, de plus en plus frêles, légers, sont escamotés aussitôt, nous les entendons à peine. Enfin nous nous taisons. Il ne reste plus sur la place vide, se répandant partout, l'occupant tout entière, que son silence (*Martereau*, Folio, p. 124-125).

Dans la pièce, non seulement le silence s'entend, s'impose, terrifiant, mais — rencontré au détour d'une page dans le roman [1] *— il fait cette fois, à lui seul, la matière de l'action. On le voit s'étendre, se déployer, tentaculaire, enserrant tour à tour et méthodiquement chacun des personnages, comme un poulpe monstrueux qui s'emparerait de ses victimes une à une :*

H. 2 : [...] Moi je suis pris au jeu. [...] N'y avait-il pas quelque chose ? Une menace étrange ? Un danger mortel ? (p. 34-35).

F. 2 : [...] Mais Jean-Pierre, dites quelque chose. Je commence à avoir peur, moi aussi. Vous commencez à m'énerver (p. 36).

F. 3 : Vous savez, c'est étrange, c'est contagieux, vous m'avez communiqué votre maladie... Moi aussi maintenant, je commence à être oppressée... C'est comme des émanations... Non, Jean-Pierre, arrêtez ça... (p. 50).

1. En ce qui concerne le passage de l'écriture romanesque à l'écriture dramatique, nous renverrons le lecteur à l'entretien avec Nathalie Sarraute reproduit en appendice (p. 72), ainsi qu'aux études critiques sur le théâtre de l'écrivain mentionnées dans la bibliographie. Il est, par ailleurs, essentiel de considérer *Le Silence* comme une pièce à part entière, et non comme du « théâtre de romancier ».

F. I : [...] mais je ne sais pas pourquoi je raconte ça... d'ailleurs, c'est un peu la même chose... ça fait double emploi... [...] c'est idiot. Je ne sais pas pourquoi...

H. I, *furieux* : Vous ne savez pas ? Eh bien je vais vous le dire. À cause de monsieur. Vous êtes atteinte. Contaminée. Ça vous a gagnée. Il vous tire... (p. 58-59).

Et le Théâtre dans tout cela ? et ces « conversations de salon » que l'on a tant reprochées à l'auteur ? et ces radotages mondains auxquels on a voulu réduire le texte ?

Oui, on y parle de poésie de pacotille, on y échange force clichés, on s'y assomme à coups de banalités définitives : « Mais vous savez, moi, les gens silencieux, ça ne m'impressionne pas. Je me dis tout simplement qu'ils n'ont peut-être rien à dire », « Il y a des gens bien partout... il y a parmi les intellectuels... Qu'est-ce que c'est, d'ailleurs, un intellectuel ? », « Mais enfin, il faut être de son temps. Moi-même, je me répète toujours ça, chaque fois que je vois un tracteur remplacer une belle charrette... » Autrement dit, tout pour déplaire... Mais comment ne pas voir que tout cela n'est juste-

ment que le vernis que gratte Nathalie Sarraute ?
comment ne pas remarquer qu'il n'y a rien de
moins ordinaire que cet univers-là où l'on se tue
pour un silence ?

   Car la situation elle-même repose, dès le départ
sur un postulat antiréaliste. H. I, *qui s'était laissé*
aller à décrire avec lyrisme une architecture chère
à son cœur, se sent dans l'impossibilité de conti-
nuer parce que Jean-Pierre, seul des six autres
personnages, se tait obstinément. Son silence
semble avoir sapé le discours de H. I, *comme s'il*
dénonçait implacablement les conditions de réa-
lisation du dialogue. L'insistance de ses parte-
naires n'est pas capable de vaincre le malaise
incroyable ressenti par le même H. I. *Celui-ci, gal-*
vanisé par le mutisme de son interlocuteur,
s'acharne alors à pénétrer les raisons de ce der-
nier, tour à tour le menaçant et se voyant menacé
par les autres, effrayés d'un tel manquement aux
règles.

   Pour tout dire, on n'a jamais vu semblable dra-
matisation d'une gêne aussi infime ; même authen-
tique, même fréquent, un tel malaise éprouvé « en
société » ne se voit jamais poussé jusqu'à ses der-
nières conséquences. S'il peut arriver que les réti-
cences ou le mutisme entêté d'un auditeur jettent

un doute sur le bien-fondé de certains propos ano-
dins qu'on s'est avancé à prononcer, qui oserait
jamais les relever et mettre tant de passion à en
découvrir la raison profonde ? Les règles habi-
tuelles de la conversation ne peuvent rendre compte
de ce qui se produit ici. L'échange social est normalement régi par un principe de convivialité
qui interdit à l'interlocuteur de souligner ce qui
dans le discours de l'autre échappe à l'économie du
dialogue sans mettre en cause les fondements de
celui-ci : lapsus imperceptible, petit mensonge sans
importance, prononciation suspecte ou irritante
(ces derniers types de faute contre la transparence
de l'échange étant d'ailleurs à l'origine de la
deuxième et de la troisième pièce de Nathalie Sarraute : Le Mensonge et Isma). Tout, dans un
dialogue, n'est pas censé être également pertinent,
et je dois normalement ne prendre en compte dans
les paroles d'autrui que ce qu'il accepte lui-même de
valider, faute de quoi je m'érige en juge, psychana-
lyste ou confesseur. H. 1, précisément, est coupable
d'une telle transgression lorsqu'il remarque une
réticence de Jean-Pierre que tous les autres avaient
choisi — consciemment ou non — d'ignorer poli-
ment. Il commet l'irréparable erreur, aux yeux de la
communauté, de vouloir conférer du sens à toute

*parole, c'est-à-dire ici — mais on voit bien que c'est
la même chose — à toute absence de parole. Il fait
donc fi d'un interdit dont l'infraction va le
conduire, lui et les voix qui l'entourent, jusqu'à
l'extrême bord de l'abîme.*

*Car ayant d'abord simplement ébranlé les bases
de l'édifice social que constitue la « conversation »,
il finit par faire totalement éclater cette dernière.
Sous la pression du « tropisme [1] » — ce petit mouvement intérieur informulable produit par le
silence de Jean-Pierre — il déchaîne autour de lui
une énergie habituellement réprimée sous la surface
des conventions et qui installe le climat de peur
dont se nourrit toute la pièce. Aspiré par la faille
que provoque Jean-Pierre en son discours, H. I voudrait se taire, à son tour, avec la même obstina-
tion, renoncer à son récit pour mettre fin au tropisme, ce qui reviendrait aussi cependant à mettre
fin à l'échange, voire à nier l'existence de ses parte-
naires en tant qu'interlocuteurs. Il enclenche de la*

---

1. Le terme, détourné par Sarraute de son emploi
en biologie, désigne à l'origine le déplacement d'un
organisme répondant à diverses stimulations physiques
ou chimiques. L'imaginaire sarrautien (où les émotions
les plus infimes grouillent comme des particules en
révolution) reste marqué par cet emprunt aux
« sciences de la vie ».

sorte un mécanisme infernal dont il reprochera à ces derniers d'être responsables — à tort puisque c'est lui qui, en refusant de s'aveugler sur le mutisme de Jean-Pierre, a bien, le premier, mis la machine infernale en mouvement :

H. 1 [...] Mais vous ne sentez donc pas ce que vous avez déclenché, ce qui a été mis en branle... par vous... Oh *(pleurant)*, tout ce que je redoutais...

F. 1 : Mais qu'est-ce que c'est ? Qu'est-ce que vous redoutiez ?

F. 2 : Qu'est-ce qui est déclenché ?

F. 3 : Mais vous savez que vous m'inquiétez...

H. 1 : Ah, je vous inquiète... C'est moi...

F. 3 : Bien sûr, c'est vous. Qui voulez-vous que ce soit ?

H. 1, *indigné* : Moi. Moi, je suis inquiétant ! Moi je suis fou ! Bien sûr. C'est toujours pareil. Mais vous, quand ça crève les yeux... Mais vous ne me ferez pas croire... Vous le sentez comme moi... Seulement vous faites semblant... Vous trouvez que c'est plus malin de faire comme si... (p. 29-30).

Refusant de faire « comme si », refusant la comédie *de la société (si tant est que le « comme si » soit effectivement à la racine du théâtre),* H. I *se met en position d'exclusion, s'offrant en victime involontaire de l'instinct de conservation du groupe. Si l'on compare alors le point de départ de la pièce et son aboutissement, on peut être à bon droit effaré par le fossé qui les sépare : d'un côté un silence apparemment inoffensif, de l'autre une violence sans bornes qui manque de provoquer l'élimination des protagonistes :*

J'étouffe, je meurs... Vous êtes destructeur. Je vais vous réduire à merci. Je vais vous forcer à vous agenouiller (p. 54).

Au bout du compte ne semble subsister qu'une terre aride et nue où gisent des personnages désespérés :

H. I : [...] On se sent très mal...

F. 4 : Oui, je trouve qu'on se sent plus mal qu'avant.

F. I : C'est vrai. Oh ! j'ai envie de partir, à la fin. Je voudrais m'en aller. L'angoisse me gagne...

F. 2 : Une sensation... moi aussi...

F. 3 : Oh, comme une solitude...

F. 4 : Je me sentirais plus en sécurité, moins abandonnée, même sur une île déserte...

F. 2 : Oui. On n'a plus le courage... le cœur me manque...

F. 3 : Les voix et les cœurs. Comme c'est vrai... C'est une loi... Contre cela il n'y a rien à faire... Les voix et les cœurs... Sa présence paralyse...

F. 1 : Je suis comme vidée... Tout est aspiré...

F. 2 : Une petite tache bue par un buvard...
Long silence, soupirs... (p. 61-62).

Au point que l'on peut se demander si la palino-die finale (par laquelle les personnages, après les quelques mots prononcés par Jean-Pierre, font sem-blant d'oublier le silence obsédant qu'il avait gardé jusque-là) n'a pas l'élégance et l'inutilité d'un hara-kiri collectif. H. 1 accepte, bien tard, de faire « comme si » rien n'était arrivé et force ses parte-naires à l'imiter. Mais l'irrémédiable s'est produit : des mots ont été prononcés. Le silence avait l'avan-tage apparent d'être neutre ; mais, cette neutralité même s'est avérée le plus redoutable des pièges ;

consciences individuelles et conscience collective y sont venues s'abîmer. Véritable auberge espagnole où chacun apporte avec lui ses peurs et ses fantasmes les plus fous, il est devenu le théâtre d'un carnage des plus drôles mais aussi des plus tragiques. On s'y est tué à coups de mots. Et le silence a gagné. Et puis perdu.

Arnaud Rykner

Le Silence

Voix d'hommes désignées par :

     H. 1

     H. 2

     JEAN-PIERRE

Voix de femmes désignées par :

     F. 1

     F. 2

     F. 3

     F. 4

F. 1 : Si, racontez... C'était si joli... Vous racontez si bien...

H. 1 : Non, je vous en prie...

F. 1 : Si... Parlez-nous encore de ça. C'était si beau, ces petites maisons... il me semble que je les vois... avec leurs fenêtres surmontées de petits auvents de bois découpé[1]... comme des dentelles de toutes les couleurs... Et ces palissades autour des jardins où, le soir, le jasmin, les acacias...

H. 1 : Non, c'était idiot... je ne sais pas ce qui m'a pris...

H. 2 : Mais pas du tout, c'était ravissant... Comment vous avez dit ça ?... Toutes ces enfances captées dans ces... dans tant... dans cette douceur... C'était merveilleux, la façon dont vous l'avez dit... Comment déjà ?... Je voudrais me rappeler...

H. 1 : Oh non, écoutez... vous me faites rougir... Parlons d'autre chose, voulez-vous... C'était ridicule... Je ne sais pas quel diable m'a poussé... Je suis ridicule quand je me laisse emporter par ces élans... Ce lyrisme qui me prend parfois... c'est idiot, c'est enfantin... je ne sais plus ce que je dis...

Voix diverses.

F. 3 : Au contraire, c'était très émouvant...

F. 1 : C'était si...

H. 1 : Non, arrêtez, je vous en supplie. Oh non, ne vous moquez pas de moi...

H. 2 : Nous moquer ? Mais qui se moque, voyons... Moi aussi, ça m'a touché... Ça m'a donné envie de les voir... Je vais y aller... Il y a déjà longtemps...

F. 3 : Oui, moi aussi... C'était... il y a là... Vous avez su rendre... C'était vraiment...

H. 1 : Non, non, assez, arrêtez...

F. 3 : C'est d'une poésie...

H. 1, *rage froide et désespérée* : Ah. Ça y est. Voilà. Ça ne pouvait pas manquer. Vous pouvez être contents. Vous y êtes arrivés. Tout ce que je voulais éviter. *(Gémissant.)*... Je ne voulais à aucun prix... Mais *(rageur)* vous êtes donc aveugles. Vous êtes donc sourds.

Vous êtes totalement insensibles. *(Se lamentant.)* J'ai fait ce que j'ai pu pourtant, je vous ai prévenus, j'ai essayé de vous retenir, mais il n'y a rien à faire, vous foncez... comme des brutes... Voilà. Soyez contents maintenant.

F. 3 : Mais qu'est-ce qu'il y a ? Qu'est-ce que j'ai dit ? Mais contents de quoi ?

H. 1, *glacial* : Rien. Vous n'avez rien dit. Je n'ai rien dit. Allez-y maintenant. Faites ce que vous voulez. Vautrez-vous. Criez. De toute façon, il est trop tard. Le mal est fait. Quand je pense... *(gémissant de nouveau)* que ça aurait peut-être pu passer inaperçu... J'ai commis une bévue, c'est entendu... une faute... mais on pouvait encore tout réparer... il aurait suffi de laisser passer, de glisser... Je me serais rattrapé, j'allais le faire... Mais vous — toujours les pieds dans le plat. Le pavé de l'ours. C'est fini maintenant. Continuez. Vous pouvez faire n'importe quoi.

F. 1 : Mais quoi ? Faire quoi !

H. 1, *imitant* : Quoi ? Quoi ! Mais vous ne sentez donc pas ce que vous avez déclenché, ce qui a été mis en branle... par vous... Oh *(pleurant)*, tout ce que je redoutais...

F. 1 : Mais qu'est-ce que c'est ? Qu'est-ce que vous redoutiez ?

F. 2 : Qu'est-ce qui est déclenché ?

F. 3 : Mais vous savez que vous m'inquiétez...

H. 1 : Ah, je vous inquiète... C'est moi...

F. 3 : Bien sûr, c'est vous. Qui voulez-vous que ce soit ?

H. 1, *indigné* : Moi. Moi, je suis inquiétant ! Moi je suis fou ! Bien sûr. C'est toujours pareil. Mais vous, quand ça crève les yeux... Mais vous ne me ferez pas croire... Vous le sentez comme moi... Seulement vous faites semblant... Vous trouvez que c'est plus malin de faire comme si...

H. 2 : Mais, bon sang, comme si quoi ? Non, décidément, c'est vrai, nous devons tous être de pauvres demeurés... des crétins...

H. 1 : Oh, je vous en prie, n'essayez pas de me tromper, ne jouez pas les innocents. N'importe qui de normalement constitué le sent immédiatement... On est... C'est comme des émanations... comme si on...

On entend un faible rire[1].

Vous avez entendu ? Vous l'entendez ? Il n'a pas pu le contenir. Ça a débordé.

F. 1 : C'est Jean-Pierre qui vient de rire[2]. Avouez qu'on rirait à moins. C'est vraiment tordant. C'est lui qui déborde, il paraît.

F. 2 : Jean-Pierre... Mais ce n'est pas possible, ce n'est pas de lui que vous parlez ?

F. 3 : Jean-Pierre, si paisible, si gentil...

H. 1 : De qui voulez-vous que ce soit ? De qui d'autre, je vous le demande... Mais vous voulez encore me provoquer...

H. 2, *voix calme* : Jean-Pierre. Ah, elle est bonne. Excellente. C'est donc de lui qu'il s'agit.

H. 1 : Non. De l'empereur de Chine. *(Ricanant.)* De la reine de Saba. Du shah de Perse...

F. 1 : Eh bien, Jean-Pierre, mon ami, je vous félicite. Vous en faites des choses... en douce... Oh, le vilain sournois... Vous vous rendez compte de ce que vous déclenchez, assis là, mine de rien...

F. 2 : C'est donc vous, mon pauvre Jean-Pierre, la cause de toute cette folie.

F. 3 : Ouh, le vilain... Haro sur lui... Oh, l'horreur... L'homme terrible qui fait peur. Jean-Pierre, un garçon si modeste, si sage... Regardez ce que vous faites, dans quel état vous avez mis notre pauvre ami.

H. 2 : Jean-Pierre-la-terreur. C'est comme ça que je vais vous appeler. Le redoutable bandit. Regardez-le. Mais ma parole, il nous menace ! Revolver au poing !

Rires.

F. 1 : Eh bien, Jean-Pierre, vous n'êtes pas flatté ? Vous ne vous en doutiez pas, hein ?...

H. 1 : Pardonnez-leur, ils ne savent pas ce qu'ils font[1], ne faites pas attention, ayez pitié... Je n'aurais jamais dû, c'est évident... Je suis le premier à m'en rendre compte. Mais vous devez comprendre...

F. 2, *éclatant de rire* : Vous entendez, Jean-Pierre, vous devez comprendre... Tout comprendre *(d'une voix faussement sentencieuse)*, c'est tout pardonner[2], Jean-Pierre, n'oubliez pas ça.

Voix diverses et rires.

— Oui, vous entendez, soyez clément...

— On vous en conjure...

— Ayez pitié, Jean-Pierre, on vous implore...

H. I, *très sérieux* : Vous ne demandez qu'à nous rassurer, n'est-ce pas ? J'en suis certain... Vous le feriez, si ça vous était possible... Il faudrait pourtant si peu de chose. Juste un mot. Un petit mot de vous et on se sentirait délivrés[1]. Tous rassurés. Apaisés. Car ils sont comme moi, eux tous, vous savez. Seulement ils n'osent rien montrer, ils n'ont pas l'habitude... ils ont peur... ils ne se le permettent jamais, vous comprenez... ils jouent le jeu, comme ils disent, ils se croient obligés de faire semblant... Un seul mot. Une petite remarque toute banale. N'importe quoi, je vous assure, ferait l'affaire. Mais ça doit être plus fort que vous, n'est-ce pas ? Vous êtes « emmuré dans votre silence » ? Je crois que c'est comme ça qu'on dit ?... On voudrait en sortir et on ne peut pas, hein ? quelque chose vous retient... C'est comme dans les rêves... Je vous comprends, je sais ce que c'est...

F. 2, *indignée* : Non, mais qu'est-ce qu'il faut entendre. Je suis peut-être craintive, moi aussi, très refoulée, mais ce que j'ose, par exemple, c'est vous dire de laisser ce pauvre garçon tranquille. Il a une patience... Moi à sa place...

F. 3 : Il est très timide, c'est tout.

H. 1, *avidement* : Oui, oui, timide. Il est timide. Oui, c'est ça, vous l'avez dit, madame. Voilà. Il ne faut pas chercher ailleurs. Pourquoi irait-on se mettre martel en tête ? Voilà. C'est de la timidité. On va dire ça. Il faut le répéter. Il est timide. C'est merveilleux, comme ça rassure. Quels calmants, ces mots si précis, ces définitions. On cherche, on se débat, on s'agite, et tout à coup tout rentre dans l'ordre. Qu'y avait-il ? Mais rien. Ou plutôt si. Quelque chose d'anodin, de familier au possible. Qu'on est bien... C'était de la timidité.

H. 2, *faisant une grosse voix* : Oh non, voyons, moi je refuse. Nous n'allons pas accepter ça. Non, ce ne serait plus drôle. Moi je suis pris au jeu. Ça commence à m'amuser. Je refuse, là *(ton enfantin)*, de me contenter de ces apparences banales, de ces simplifications

paresseuses... Non non, soyons sincères... N'y
avait-il pas quelque chose ? Une menace
étrange ? Un danger mortel ? Ah mais
j'adore, moi, vous savez, les films de terreur,
les romans policiers. On ne va pas en rester
là. De la timidité ! Fi donc. Foin de ces for-
mules toutes faites. On essaie de nous rouler.
Qu'est-ce que la timidité a à voir avec ça ?
Vous essayez de nous endormir. C'est que
mon instinct de conservation, à moi aussi, a
été éveillé. Voyons un peu. Prenons le mys-
tère à la gorge, ou plutôt remontons à sa
source. C'est par une remarque sur les petits
auvents comme des dentelles peintes et les
jardinets pleins de jasmin... c'est par là que
tout a commencé. On ne me la fait pas, à
moi, je n'oublie pas si facilement... C'est ça
qui a déclenché les émanations, les déborde-
ments, les suffocations et les appels au
secours. Et voilà qu'à présent on veut couvrir
tout ça avec de la timidité... comme avec une
couverture qu'on jette sur la flamme... Mais
c'est trop tard, ça brûle, ça grésille... vous ne
sentez pas ?

H. 1, *gémissant* : Pitié. Ne l'écoutez pas. Il est
fou. Il ne sait pas ce qu'il dit. Juste un mot.

Un mot de pardon. Je sais exactement ce que vous pensiez. Je le savais en le disant, j'aurais dû me retenir, mais je ne pouvais pas. Votre silence... comme un vertige... j'ai été happé... un démon... comme on est tenté de prononcer pendant la messe des mots sacrilèges... Votre silence m'a poussé de tout son poids... J'ai été très loin, trop fort...

F. 2 : Il est allé trop fort, vous entendez ? Mais Jean-Pierre, dites quelque chose. Je commence à avoir peur, moi aussi. Vous commencez à m'énerver.

F. 3 : Non, laissez-le. Ça suffit. Le jeu a assez duré. Passons à autre chose, voulez-vous ? Ce n'est plus drôle. Comment vaut-il mieux y aller, vous ne nous l'avez toujours pas dit, comment y va-t-on, dans votre pays de rêve ?

H. 1, *effrayé* : Je ne sais pas... Oh, je ne sais rien... Oh, vite autre chose... Oh, ça s'amasse maintenant, oh, comme ça enfle... Oh, me cacher... Tant d'impudeur... Une telle indélicatesse... Vous voyez, je suis puni. Bien suffisamment. Pour en avoir manqué, moi aussi. C'est là ma faute, j'ai manqué de pudeur. C'est cela qui vous soulève de dégoût, n'est-ce

pas ? C'est quelque chose que vous ne pardonnez jamais. J'ai galvaudé, c'est ça... Vous
ne le supportez pas. Vous êtes, vous, si pur.
D'une pureté d'ange. Vous voyez les plati-
tudes que vous me faites dire. Je suis ridicule.
Je ne sais plus ce que je dis. Dès que je suis
avec vous, je deviens emphatique... Mais je
comprends très bien, vous savez. Vous étiez
gêné pour moi. Car vous avez tout compris.
Je le sens toujours : vous comprenez tout.
Quand vous vous taisez ainsi et que vous
nous regardez nous ébattre, comme des
petits gosses, faire les imbéciles, rien ne vous
échappe... Vous étiez gêné pour moi. C'est
que j'y tiens, c'est vrai, à cela, à ces auvents
de dentelle peinte... et voilà, j'ai été livrer...
et de quelle façon... sous quelle forme...
Quelle pacotille... Quelle « littérature »...
hein ? n'est-ce pas, c'était ça ? hein ? C'était
ça ?

> *Les autres pendant ce temps parlent :*
> *bruit de fond, des mots s'échappent...*

— C'est un grand nerveux...
— Déjà son père...
— Pour moi, la séparation... le collège...
— Ma grand-mère[1]...

> *Puis les mots ressortent davantage...*

— De la mauvaise littérature.

— Le voilà qui s'excuse devant Jean-Pierre...

— Jean-Pierre, le grand connaisseur...

— Vous connaissez l'histoire... Mais offrez-lui un livre... Oh non, il en a déjà un... Ho, ho, ho *(rires)*.

H. 1, *reprend* : Oh, qu'ils sont bêtes. Ils ne comprennent rien. On n'a pas besoin d'avoir beaucoup lu pour être très sensible, pour s'y connaître... C'est un don, un talent. On l'a ou on ne l'a pas. Eux, ils pourraient lire des bibliothèques entières... Mais vous, je l'ai toujours senti... les mots pour vous... Vous n'avez jamais dit quelque chose de plat. Jamais rien de vague, de prétentieux. Bien sûr, vous devez bien vous servir de mots de temps en temps. Il le faut bien. Pour vivre. Un minimum. Un mot, vous le savez mieux qu'eux, c'est grave.

H. 2 : Je m'excuse d'intervenir dans cet aparté, de briser cette atmosphère de sympathie, d'interrompre ces confidences *(rires)*, mais il me semble que s'il y avait quelque

chose qu'il ne fallait pas dire à Jean-Pierre,
c'était bien cela, qu'un mot, c'est grave. Le
pauvre, du coup, il se taira à jamais... Si
quelqu'un sait que le silence est d'or, c'est
bien lui... il ne le pense que trop...

H. 1 : Vous voyez à quoi ils vont en venir...
Vous voyez... mais moi je ne le pense pas,
remarquez, mais en ce moment, ce sont des
choses qu'on n'a que trop tendance à dire...
déjà quand ils ont parlé de timidité... Il suffit
qu'ils se mettent à farfouiller là-dedans,
comme on fait maintenant... Oh, jamais pour
fouiller bien loin, vous le savez. Mais enfin,
ils trouveront à coup sûr... L'orgueil pour
commencer. Et de là à dire que vous êtes
complexé... Je vous avoue que moi aussi...
parfois... quand vous vous obstinez... mais au
fond, voyez-vous, je ne crois pas... Vous
complexé ! Quelle folie... Vous qui...

F. 4, *une voix jeune, tout bas* : Vous avez tort,
vous savez que jamais vous n'en viendrez à
bout comme ça. J'ai eu ça, moi aussi, un
moment... Eh bien, je peux vous le dire. Un
seul truc : ne pas faire attention.

H. 1 : Ne pas faire attention ? Vous êtes
bonne...

F. 4 : Oui, je sais *(plus bas)*, c'est là-dessus qu'il compte... que vous n'y arriverez pas. Il le sait parfaitement... c'est par là qu'il vous tient. Et il s'amuse. Tandis que vous... Voilà ce qu'il faut, tenez : « Vous savez que j'ai rencontré Bonval. Il m'a demandé si je vous voyais... il m'a chargé de ses amitiés pour vous... Je l'ai trouvé très changé, il a beaucoup vieilli. Sa femme, par contre, elle est toujours si belle... » *(Tout bas.)* Allons, allez-y...

H. 1, *voix tremblante* : Oui, elle est très belle... Mais si vous l'aviez connue... Non *(pleurnichant)*, je ne peux pas... Vous m'en demandez trop, c'est impossible. Vous voulez que je coure et je ne peux pas me traîner, ça pèse cent tonnes... Je suis écrasé, j'étouffe... *(Criant.)* Mais parlez enfin, dites quelque chose. Si vous croyez que nous, ça nous amuse. On fait un effort, quoi, on ne se porte pas en écharpe, on se commet, oui, par charité, par gentillesse, pour créer des contacts, oui, oui, vous pouvez me mépriser, me détruire, égorgez-moi, je le hurlerai jusqu'à mon dernier souffle : des contacts... on se

sacrifie... on consent à dire des bêtises... on
se fiche de l'opinion...

F. 3 : Mais il lui fait une scène à présent. Il
l'injurie, ma parole... c'est trop drôle...

F. 1 : Je commence à trouver que Jean-
Pierre est très fort, moi je ne tiendrais jamais
le coup.

H. 2 : J'ouvre des paris. Répondra. Répondra pas.

H. 1, *voix blanche* : Inutile de parier. Répondra pas. Monsieur nous méprise. Nos
cancans. Nos pépiements. Notre mauvaise littérature. Notre poésie de pacotille. Lui,
jamais. Il ne veut pas s'encanailler. Mais je
vais vous dire, moi, mon petit monsieur, ce
que je pense au fond. Toute ma pensée. Ils
ont raison. Vous êtes timide. Pourquoi chercher ailleurs ? Qu'est-ce que c'est que ces
complications ? Notre opinion vous fait peur.
Et si vous disiez une bêtise ? C'est que ça
pourrait arriver, hein ? Une grosse bêtise
comme tout le monde. Alors *(pépiant d'une
voix efféminée)* quelle horreur... Que diront-
ils ? Moi, songez donc, passer pour un pauvre
type, pour un imbécile. Oh, ce serait insup-

portable... Tandis que comme ça, mais je trône, on ne s'occupe que de moi...

F. 3 : Mais vous savez, moi, les gens silencieux, ça ne m'impressionne pas. Je me dis tout simplement qu'ils n'ont peut-être rien à dire.

F. 4 : Eh bien moi, non, j'avoue, les gens silencieux... Quand j'avais quinze ans, j'étais amoureuse d'un monsieur... de loin, bien sûr, j'avais quinze ans, c'était un ami de mon père, il fumait sa pipe en silence... Je le trouvais... Mais... fatal !

F. 3 : Moi aussi[1], à cet âge... mais depuis, je vous assure que ça m'est passé...

H. 1 : Vous voyez, elles vous croient stupide. Joli résultat. Mais probablement que vous vous en moquez. Bien sûr, ça vous est égal. Sinon vous feriez un effort. *(S'adoucissant.)* Vous vous en moquez, j'étais injuste, pardonnez-moi. Moi, au contraire, vous savez, je sens, j'ai toujours senti chez vous... c'est pour ça qu'avec vous... Qu'un autre se taise, je n'y fais même pas attention. Mais vous... sans avoir besoin de grande science... Au contraire, ça encombre. C'est pour ça que souvent les intellectuels... Oh, ça y est, oh...

j'y suis... Mais comment n'ai-je pas plus tôt ?...
Mais vous savez, il ne faut pas le croire, pas
de moi... moi pas, moi non, jamais. Je n'en
suis pas un. Je les ai en horreur... Ce n'est
pas du tout comme vous le pensez que j'éta-
blis mon échelle de valeurs. Pas du tout.
C'est avec eux le plus souvent que je me sens
le plus mal. Ils sont insensibles, ils sont en
bois... Ah, Marthe[1], croyez-moi, ne tombez
jamais amoureuse d'un intellectuel.

F. 4 : N'ayez crainte... *(Tout bas.)* Allez-y.
Continuez. Ce n'est pas mal... Ça pourra
peut-être aller... Vous y arriverez peut-être
comme ça.

H. 1 : Moi, d'ailleurs, tous mes amis... Toujours des gens très simples, des manuels.
C'est chez eux qu'on trouve... Je me souviens
d'un menuisier... Je me souviens... Mais je ne
sais pas pourquoi je dis ça... Il y a des gens
bien partout... il y a parmi les intellectuels...
Qu'est-ce que c'est, d'ailleurs, un intellectuel ? Hein ? Il faudrait s'entendre... Vous en
êtes un, bien sûr... Si l'on va par là...

F. 1 : Je crois bien. Si l'École des Mines
n'est pas une pépinière... comme on dit...

F. 2 : Oui. Où les trouve-t-on, à ce compte-là, les intellectuels ?

H. 1 : Vous avez raison. Où les trouve-t-on ? Et puis, qu'est-ce que ça veut dire, au fond ? Non, je disais ça parce qu'il y a des gens qui ont des préjugés... dès qu'ils flairent un intellectuel... c'est comme si... c'est une sorte de haine... ils les traquent depuis l'enfance. Je connaissais une famille... Eh bien, les deux parents avaient une sorte de répulsion... Ils doivent fournir, les pauvres, beaucoup d'enfants martyrs... Tenez, Any, la fille des Méré... une forte en thème... le vrai bas-bleu... une vraie petite vieille... Je dois dire qu'elle éveille chez moi aussi des instincts...

F. 2 : Oui, je vous comprends...

F. 3 : Alors décidément, il n'y a rien à faire, vous ne voulez pas me dire comment on doit y aller... là-bas... En voiture, ce serait le mieux... Mais les routes...

H. 1 : Mais qu'est-ce qui vous tient comme ça ? Qu'est-ce qui vous intéresse tellement ? Quel intérêt, ces maisons en bois ? Vous savez ce que vous avez ? D'ailleurs je suis comme vous. Nous suivons la mode. En ce moment, le bois, je ne sais pas pourquoi... il met les gens dans un état de transe... Les objets en bois... les salières, les poivriers... Les poutres apparentes au plafond... J'ai lu l'autre jour un article tordant, justement sur cette passion à la mode pour les vieilles poutres... Je me suis reconnu[1]...

H. 2 : C'est vrai. C'est la réaction contre l'invasion de la tôle et du ciment.

H. 1 : Mais enfin, il faut être de son temps. Moi-même, je me répète toujours ça, chaque fois que je vois un tracteur remplacer une belle charrette... vous savez, ces charrettes... si belles... d'un bleu... ineffable... Oh, pardon... Vous avez entendu ?

Voix diverses.

— Non.

— Non, rien...

— Entendu quoi ?

H. 1 : Un sifflement... Il a sifflé... j'ai entendu...

F. 3 : Qui il ? Jean-Pierre de nouveau ? Ah, ça vous reprend ?

H. 1 : J'ai entendu... Oh non, laissez-nous... je dois lui parler. Vous avez prononcé le mot esthétisme... Non ? Vous n'avez rien dit ? Pourtant j'aurais juré... C'est vrai que je suis

retombé. Là, avec ces charrettes... C'était
grotesque... vous savez, je n'ai jamais pu me
défaire de cette sentimentalité. Ce côté fleur
bleue... *(Rit d'un rire aigu.)* J'ai beau le retenir, ça ressort. Toute ma vie, vous savez... J'ai
dû rater mon bonheur avec ça.

F. 1 : Ah, racontez-nous... Comment vous
avez raté ? Quel bonheur ? Allez, dites-nous
tout.

H. 1, *docile* : Tout. Tttout... Je ne vais rien
garder. Voilà. J'étais très amoureux. Mais
très. D'une fille adorable. Merveilleuse. Elle
aurait été ce qui m'aurait convenu parfaitement. Aussi forte que je suis faible. Un
visage... Jean-Pierre, tenez, quand il est assis
là, tourné de profil, si droit, si dur et pur, il
me fait penser à elle. Elle ne se serait pas lais-
sée, comme moi... Eh bien, pour une bêtise
comme ça... On prenait le frais au bord de la
Seine, au Vert-Galant. Nous préparions nos
examens. On se posait des questions sur le
report et le déport[1]. On piochait notre
examen de droit financier. Et je lui ai dit : *(il
pouffe)* regardez ce saule, cette lumière... je
ne sais quelle bêtise de ce genre... ces reflets,
là-bas, sur l'eau... Elle n'a pas tourné la tête,

toujours le nez dans ses cours polycopiés...
J'ai répété encore une fois... Et elle m'a posé
une question d'un air sévère, sur le report...
Eh bien, j'ai senti que tout craquait... Je n'ai
jamais pu l'expliquer. Tout s'est écroulé. Elle
n'a jamais compris. Toute ma famille. La
sienne. Ils étaient si contents... « C'est pathologique », je me rappelle, mon père m'avait
dit ça. Il était furieux... C'est pathologique
chez moi, c'est vrai, il avait raison... C'est
pourquoi...

H. 2 : Oh, que c'est drôle. Vous êtes tordant. Vous voyez bien que vous y tenez, hein,
au fond, à vos petits auvents...

H. 1 : Mais justement, vous voyez ce que ça
m'a valu. J'ai souvent regretté depuis... J'ai
peut-être gâché ma vie... Vous avez entendu ?
On dirait qu'il a fait du bruit. Il me semble
qu'il a ri ?...

H. 2 : Bien sûr qu'il a ri. Vous êtes si drôle.

H. 1 : Oh, il a ri, c'est certain. Je l'ai fait
rire. Mais comme je suis content. Que ne
donnerais-je encore ? Qu'il prenne, tout est à
lui. Tout. À lui. Pourvu qu'il rie. Voilà, je
vous ai déridé. Hein ? Je vous fais rire... Peut-
être que ça vous rappelle quelque chose, à

vous aussi. Quelque chose de drôle... dans
votre vie... Ce serait un tel bonheur, ce serait
un tel honneur... Vous n'avez pas besoin de
donner autant. Moi, vous savez *(soudain très*
digne), c'est beaucoup, ce que j'ai donné...
sans en avoir l'air *(soupir étouffé)*... c'est un
gros morceau... Mais vous, juste un petit
bout... Une petite parcelle... Un grain... Nous
nous en contenterons... Non, bas les pattes,
hein ? Vous n'aimez pas ces promiscuités.
Vous ne me demandiez rien, n'est-ce pas ?
Pourquoi est-ce que j'ai été vous imposer...
Vous vous rétractez... Plus fort... Oh, il
s'écarte davantage, arrêtez... *(s'adressant aux*
autres) mais faites quelque chose, bon sang,
mais remuez-vous enfin, ça devient insuppor-
table, c'est indécent...

F. 1 : C'est vrai, Jean-Pierre, dites quelque
chose...

F. 2 : Décidément, Jean-Pierre nous
méprise...

F. 3 : Jean-Pierre, vous m'angoissez... *(rire)*.

H. 2 : Allons, Jean-Pierre, taisez-vous *(redou-*
blement de rires).

H. 1 : Ils vous taquinent... Mais moi je vais
vous dire : en un sens, je vous comprends. Ce

sont des choses auxquelles il ne faut pas tou-
cher. C'est sacré pour vous, ces petits
auvents. C'est l'intouchable. C'est ce qu'il ne
faut manipuler que comme les objets du
culte, revêtu des habits sacerdotaux. Cette
profanation vous indigne. Vous voulez me
marquer votre désapprobation. Vous vous
désolidarisez. C'est ça. Qui ne dit mot ne
consent pas. Vous n'aimez pas qu'on gal-
vaude... Comme je vous admire. J'aime cette
intransigeance. Cette rigueur. Vous êtes un
poète. Un vrai... Un poète... c'est vous[1]...

F. 3 : Voilà. Toujours les extrêmes. Tout à
l'heure c'était un béotien. Maintenant c'est
Baudelaire. Vous savez, Jean-Pierre, que c'est
très fort ce que vous faites là.

F. 1 : Moi si j'avais la force de me retenir, je
garderais le silence. Toujours.

F. 2 : Vous savez que George Sand... C'était
son charme. Il paraît qu'elle n'ouvrait pas la
bouche[2].

F. 1 : Oui, elle fumait de gros cigares. Je
l'imagine : les yeux mi-clos, l'air mystérieux.
Ça ne m'étonne pas que tous les contemporains aient été sous le charme.

H. 2 : Vous oubliez un petit détail : elle

avait son œuvre pour la porter. Ça meublait le silence.

H. I : Mais non, vous ne comprenez pas. C'était là sa faiblesse. Sans œuvre, c'est plus fort. Sans rien faire — c'est très fort. Rester là, silencieux, n'avoir jamais rien fait... Excusez-moi, ce n'est pas de vous que je parle, je sais que vous travaillez, j'admire votre travail, vous savez... Tous ces... c'est un domaine qui m'est fermé... Non, nous sommes dans les généralités. C'est très fort, quand on n'a rien fait, mais rien du tout, et qu'on arrive juste par cette pression qu'on exerce...

F. 3 : Vous savez, c'est étrange, c'est conta-gieux, vous m'avez communiqué votre mala-die... Moi aussi maintenant, je commence à être oppressée... C'est comme des émana-tions... Non, Jean-Pierre, arrêtez ça...

F. 2 : Jean-Pierre, ti, ti, ti, regardez le petit oiseau... Souriez... encore... hi, hi, souriez... voilà...

F. 3 : Il a souri pour de bon... Je l'ai vu...

H. 2 : C'est vrai, je l'ai vu aussi. Il a souri. C'est très net. Nous l'amusons, c'est évident. Il nous trouve drôles. Nous sommes drôles.

Fascinés. Emprisonnés. Il nous a capturés. Ce silence, c'est comme un filet. Il nous regarde frétiller...

F. 1 : Moi je vais en faire autant. On va tous en faire autant. Nous allons jouer à ça[1]. Silence. Chacun se taira, plein de dignité...

F. 2 : Mais...

F. 3 : Chut...

Silence.

F. 2, *pouffe de rire* : Non, pouce. Je n'y tiens plus. Je ne peux pas, la langue me démange...

H. 2 : Eh bien, vous savez, nous ne sommes pas à la hauteur. Zéro. Il faut le constater. Il ne vaut pas un clou, notre silence. Aucun effet. Sur moi, en tout cas.

Voix diverses.

— Sur moi non plus.

— Ni sur moi.

— Aucun poids.

— C'est plus léger que l'air. C'est d'un vide...

H. 1, *avidement* : Vous voyez, je vous le disais. Chez lui, c'est lourd, c'est plein à craquer. C'est incroyable, ce qu'il y a là-dedans. Je m'y perds... On s'y noie...

H. 2 : À vrai dire, je crois que vous y appor-
tez beaucoup. Vous le remplissez de toutes
sortes de choses qui probablement...

F. 1 : Mais on ne prête qu'aux riches. Moi, je
pourrais me taire jusqu'à la nuit des temps...

H. 1 : Je sais maintenant ce que vous me
reprochez. Vous avez raison. C'est une question de forme. Je vous le disais tout à
l'heure... Mais je viens de comprendre...
C'est la forme. Il aurait fallu, pour que vous
les acceptiez, ces petits auvents, que je vous
les présente avec politesse, comme il se doit,
sur un plateau d'argent, et ganté de blanc.
Dans un livre. À belle couverture. Joliment
imprimé. Dans un style bien travaillé. Je suis
un paresseux, vous l'avez dit, je vous entends,
un propre à rien, je suis un resquilleur, j'ai
voulu à bon compte, sans effort, vous tou-
cher, j'ai voulu vous épater, me tailler un
petit succès, comme ça, en bavardant. Il
aurait fallu trimer à la sueur de mon front,
passer des nuits blanches. Leur trouver, à ces
auvents, un style. Hein ? C'est bien ça ? Voilà
ce que vous ne pardonnez pas. Toute chose à
sa place. Dans un recueil de poèmes, vous
auriez daigné... Non, excusez-moi. Pourquoi

daigné ? Vous auriez peut-être goûté pour de bon, dans la solitude, cette quintessence, ce miel...

F. 1 : Voilà. Ce silence était d'or. Il va vous obliger à nous écrire un joli poème. Vous allez nous faire un beau poème sur ces fenêtres. Sur ces...

H. 2 : Impossible. On ne peut pas. Trop fait. Banal à mourir. Matière épuisée. C'était bon[1]...

H. 1 : Voilà. Vous entendez ? Ça ne vaut rien. De la camelote. Bon pour les conversations. Tout juste. Nos conversations. Un homme au goût raffiné, ça l'écœure, vous voyez. Vous savez que vous êtes salutaire. Des gens comme vous sont nécessaires. Ils font progresser... Ils portent haut le flambeau...

Il crie tout à coup.

Faux, faux, archifaux. Je suis fou. C'est du délire de générosité. Vous ne servez à rien. Ce n'est pas ça. Qu'est-ce que je vais chercher ? Qu'est-ce que vous avez fait pour vous permettre... Je n'ai pas de leçons à recevoir. Vous haïssez la poésie. Vous haïssez tout ça sous toutes ses formes, la forme brute, la forme travaillée. Vous êtes pratique. Et ce

que vous appelez les sentimentalités... Oh, il
n'y a pas de place pour nous deux en ce
monde. Je ne peux pas vivre où vous vous
trouvez. J'étouffe, je meurs... Vous êtes destructeur. Je vais vous réduire à merci. Je vais
vous forcer à vous agenouiller. Je vais les
décrire, moi, ces auvents, et on vous obligera,
que vous le vouliez ou non. Vous serez
forcé... Il a répété forcé ? Vous avez dit forcé,
en riant.

F. 1 : Non, c'est moi qui l'ai dit. Comme un
écho...

H. 1 : Non, il l'a dit aussi. Je l'ai entendu. Il
l'a dit. Forcé ? en riant. Forcé, moi ? Voilà ce
qu'il a dit. Forcé ? Qui peut le forcer ? Mais
qu'on lui lise n'importe quoi... qui l'obligera
à admirer ?

F. 2 : Oh, n'exagérons rien. Jean-Pierre a
du goût. Il connaît ses classiques par cœur.

H. 1, *se lamentant* : Mais moi, comment...
Comment voulez-vous... Comment pourrais-je rivaliser ? Je n'ai aucun nom. Et il ne
s'incline... Il ne reconnaît... Monsieur est
snob. Il lui faut la renommée. Les gens pra-
tiques, ils sont comme ça. Combien ça vous
rapporte ? Hein ? À la fin de l'année ?

Qu'est-ce que vous en avez tiré, de vos petits auvents ?

Un silence.

F. 3, *d'une voix un peu irréelle* : Il y a des gens... leur seule présence paralyse et les voix et les cœurs... Et les *voix* et les *cœurs*...

F. 2 : Oh que c'est joli. Qui a dit ça ?

F. 3 : Balzac. C'est Balzac qui l'a dit, ça me revient... ça m'avait frappée. Il a écrit — je crois que c'est dans *Louis Lambert*[1] : ceux qui, sans en être dignes, arrivent à une région supérieure, paralysent par leur présence et les voix et les cœurs...

H. 1, *stupéfait* : Il a dit ça ? Balzac ? Mon Dieu ! Et vous ne disiez rien ? Et vous ne l'avez pas dit plus tôt ! Et je suis un fou ! Moi ! Quand Balzac, il y a cent ans... je ne le lui ai pas fait dire, hein ? Il a vu, il a senti comme moi... il a compris... Un seul témoignage suffit pour prouver... et c'est celui de qui ? De Balzac ! rien de moins ! Balzac, s'il était ici... *(Rire de joie.)* Bien sûr... C'est ça, tout simplement... d'ailleurs, je le pressentais, je m'en doutais, cet individu s'est glissé ici parmi nous sans droit, il n'est pas des nôtres, c'est un imposteur. Il arrête...

н. 2 : Je ne sais pas s'il arrête les cœurs, mais pour ce qui est des voix, la vôtre, il me semble... Vous n'avez jamais autant parlé...

н. 1 : Oh, mais qu'est-ce qu'il y a ? Oh, oh, il se lève... Je vous en supplie, ne partez pas. Pas là-dessus, pas ainsi... Au secours... je perds pied, je suis déporté, seul entre ciel et terre... oh...

ғ. 1 : Il en a assez. *(Rires.)* Vous l'avez froissé. On le serait à moins.

н. 1 : Froissé ! Mais non. Vous n'êtes pas froissé... Dites-le, dites... Mais je ferais n'importe quoi... Il a bâillé, il s'étire, nous l'ennuyons. Vous voyez bien, c'est nous qui sommes indignes. Nous sommes dans la sphère inférieure. C'est nous. Il s'ennuie avec nous...

ғ. 2 : Eh bien, qu'est-ce que ça prouve ? Ceux de la sphère inférieure justement s'ennuient avec...

н. 1 : Oh je vous en prie, assez de ces subtilités, ce n'est pas le moment... Inférieure, supérieure... qu'est-ce que c'est que ces distinctions ? Nous sommes tous pareils, des frères, tous égaux... et voilà que parmi nous... que l'un d'entre nous... oh je ne peux pas le supporter... regardez comme il fait craquer ses doigts... cette moue qu'il a... il va dans un instant... son regard erre... il se soulève... il n'est plus ici déjà... oh... oh... Allons... Allons, vous tous, un effort, je vous en supplie... Jean-Pierre, je vais vous raconter... Non, ne craignez rien, pas sur les auvents, rien sur ces maudits auvents du diable... Qu'ils aillent se faire pendre... *(Rires.)* Je vais vous raconter quelque chose de très drôle. Une anecdote. J'en connais des tas. J'adore les raconter, les entendre. Vous savez, comme un de ces deux amis... vous la connaissez ? Ils se racontaient toujours les mêmes. À la fin, ils les avaient numérotées. Il leur suffisait de se dire l'un à l'autre un numéro : 27, par exemple... et l'autre, après quelques instants, éclatait de rire. Il répondait : 18, et c'est son ami qui se mettait à rire aux éclats... C'est drôle, n'est-ce pas ?

F. 2, F. 3, H. 2 : Ha, ha, ha...

F. 2 : C'est drôle, Jean-Pierre, vous ne trouvez pas ?

H. 2, *un peu gêné* : Vous savez, il est comme ce jeune homme dans un salon, — encore une bonne, celle-là, — tout le monde riait...

La maîtresse de maison se tourne vers lui :
« Vous ne riez pas ? » Et il répond : « Merci,
madame, j'ai déjà ri... »

H. 1 : Ha, ha, ha, elle est très bonne, elle est
excellente, je ne la connaissais pas... Mais je
vais vous en dire une autre. On vient de me
la raconter... Un petit garçon revient du caté-
chisme. Son père lui demande : « De quoi il
vous a parlé aujourd'hui, M. le curé ? » Et le
petit garçon répond : « Il a parlé du péché...
— Du péché ? Et qu'est-ce qu'il a dit ? » Le
petit garçon réfléchit un moment et il
répond : « Il était contre... »

Rires de tous côtés.

F. 1 : Ha, ha, moi je suis comme ça... Moi,
mon mari me reproche de parler toujours de
cette façon-là. « C'est bien... » quand j'ai vu
une exposition de tableaux ou quand j'ai lu
un livre. Déjà quand j'étais petite, je ressem-
blais à ce petit garçon. Mon père me
demande ce que j'apprends en histoire et je
lui dis... *(de plus en plus hésitante)* mais je ne
sais pas pourquoi je raconte ça... d'ailleurs,
c'est un peu la même chose... ça fait double
emploi... enfin... je lui dis : on apprend la

Renaissance... Et comme j'avais l'air très
vague... mon père détestait ça... il me dit :
Alors qu'est-ce que c'était, la Renaissance, tu
n'as pas l'air de savoir ce que c'est... Et je lui
réponds : C'était bien, quoi... *(Rires divers.)*
Mais c'est idiot. Je ne sais pas pourquoi...

H. I, *furieux* : Vous ne savez pas ? Eh bien je
vais vous le dire. À cause de monsieur. Vous
êtes atteinte. Contaminée. Ça vous a gagnée.
Il vous tire...

VOIX : Il la tire.

H. I : Et moi, qu'est-ce que vous en pensez ?
Est-ce que j'ai besoin de les raconter, mes
histoires ? Je les connais... je n'ai aucune
envie de briller, je vous assure... Il s'agit bien
de ça. *(Amer.)* On n'en est pas là. C'est pour
distraire monsieur. Qu'il daigne me pardonner. Mais que ne ferait-on pas ? Mais on est
prêt à tout : se couvrir de ridicule, s'humi-
lier... Tout... Elle, la pauvrette, le vertige l'a
gagnée... On serait prêt à se laisser damner.
On prostituerait son âme... comme je l'ai
fait... Qu'il la prenne...

F. I, *suppliante, chuchotante* : Oui... oui, pre-
nez, je ne peux plus la retenir, vous l'aspi-
rez... elle se soulève, la voilà... je vous l'offre...

je l'apporte en offrande à vos pieds... Vous plaît-elle ?

F. 2 : Et la mienne ? Ainsi ? Triste ? Non, ça vous déplaît ?

F. 3 : Pas triste ? Désabusée ? Nostalgique ? Non, pas comme ça ?...

F. 4 : Drôle, au contraire. Amusante. Très gaie. Et hardie... Vous allez voir, je vais...

H. 2 : Non, comique, un peu grotesque, je sais... C'est ce qu'il aimera. Attendez, je vais vous raconter... Ça vous est égal, Marthe, que je raconte ?

F. 4, *tristement et sans espoir :* Bien sûr... tout ce que vous voudrez. Comment pourrais-je refuser ? Si vous pensez... Seulement je doute...

H. 2 : Moi aussi, à vrai dire. Mais il faut essayer... Il n'y a rien à perdre, croyez-moi...

F. 4 : Bon, alors allez-y.

H. 2 : Eh bien, vous savez que Marthe nous en fait voir de bonnes. Vous savez que Marthe sait bien nager, mais elle a un défaut, elle ne sait pas prendre pied...

H. 1 : Il a l'air surpris, il vous regarde. Pourquoi de but en blanc ? Vous auriez pu préparer... comme celui qui cherchait à pla-

cer son anecdote sur les chevaux... Il voulait
amener la conversation... mais il n'y avait
rien à faire... Alors à la fin...

H. 2 : Non, il n'y a pas besoin de prépara-
tion... Pourquoi faire ? Pourquoi perdre du
temps ? Ça l'agace, il s'impatiente... Eh bien
voilà : Ça s'est passé sur la plage, cet été.
Marthe nageait à marée basse... Elle
appelle... des cris... Au secours !... Tout le
monde se dresse... les gens s'assemblent...

F. 4 : Oh, s'assemblent... Nous étions seuls...

H. 2, *sévère* : Non, Marthe. Vous savez bien
qu'on était nombreux. Je lui crie... Mettez-
vous debout ! Debout, je vous dis... Je
m'époumone... Les gens s'esclaffent : Mais
elle a pied... Enfin, c'était désopilant...

H. 1, *triste* : Non, vous voyez, c'est inutile.
Tous les sacrifices sont inutiles. On se sent
très mal...

F. 4 : Oui, je trouve qu'on se sent plus mal
qu'avant.

F. 1 : C'est vrai. Oh ! j'ai envie de partir, à la
fin. Je voudrais m'en aller. L'angoisse me
gagne...

F. 2 : Une sensation... moi aussi...

F. 3 : Oh, comme une solitude...

F. 4 : Je me sentirais plus en sécurité, moins abandonnée, même sur une île déserte...

F. 2 : Oui. On n'a plus le courage... le cœur me manque...

F. 3 : Les voix et les cœurs... Comme c'est vrai... C'est une loi... Contre cela il n'y a rien à faire... Les voix et les cœurs... Sa présence paralyse...

F. 1 : Je suis comme vidée... Tout est aspiré...

F. 2 : Une petite tache bue par un buvard...

Long silence, soupirs...

H. 1, *voix ferme* : Eh bien, mes amis, voilà. Voilà *(avec détermination)*. Je vous disais donc qu'il y a là-bas de ces maisons comme dans les contes de fées. Avec des auvents comme des dentelles peintes. Et des jardins pleins d'acacias... Oui, là-bas, tout est intact. Tout est comme gonflé d'enfance... Il y a partout répandue une candeur... Et dans les petites églises, les chapelles... pour elles seules, voyez-vous, rien que pour les voir, il faut y aller... La plus chétive contient des trésors... des fresques... elles sont étonnantes... *(plus fort)* d'inspiration byzantine *(articulant de plus*

en plus), comme celles de cette partie de la
Macédoine *(un peu mécanique),* du côté de
Gracanica et de Décani[1]... Nulle part ailleurs,
même à Mistra, vous ne pourrez en voir
d'aussi parfaites. Il y a un village notamment,
son nom m'échappe, mais je vous le retrou-
verai sur une carte... où on en voit d'admi-
rables... d'une richesse incomparable... C'est
un art byzantin libéré, qui explose... *(avec
assurance)* il y a là-dessus, d'ailleurs, un livre
remarquablement documenté avec des
reproductions superbes... de Labovic[2]...

JEAN-PIERRE : De Labovic ?

H. 2, FEMMES :

— Vous l'entendez ?

— Oh, vous l'entendez ?

— Il a parlé.

H. 2 : Voyez, sur des choses précises.
Sérieuses. L'art byzantin... c'est que ça, c'est
tout de même autre chose que... *(ricanant).*

H. I, *impassible* : Oui, c'est un bouquin
excellent. Très bien fait. Je vous le recom-
mande. Car un voyage comme celui-là, pour
bien en profiter, il vaut mieux le préparer.

JEAN-PIERRE : Labovic, vous avez dit ? C'est
édité chez qui ?

H. 1 : Chez Cordier[1], je crois... Je pourrai vous donner la référence.

TOUS, *joyeux, émerveillés* :

— Oh, il parle...

— Il questionne...

— Ça l'intéresse...

H. 1 : Mais pourquoi l'art byzantin ne l'inté-resserait-il pas ?

F. 1 : Mais parce que tout à l'heure...

H. 1 : Quoi, tout à l'heure ?

F. 2 : Enfin vous-même...

H. 1 : Moi-même quoi ?

F. 3 : Son silence...

H. 1 : Mais quel silence ?

F 1, *gênée* : C'était un peu... Il m'a semblé... *(Hésite un instant et puis :)* Oh non, rien... Je ne sais pas...

H. 1 : Eh bien, je ne sais pas non plus. Je n'ai rien remarqué.

DOSSIER

CHRONOLOGIE

1900. Le 18 juillet, naissance de Natacha Tcherniak, à Ivanovo-Voznessensk, près de Moscou. Son père, Ilya Tcherniak, dirige une fabrique de colorants ; sa mère, Pauline Chatounovsky, écrit et fréquente quelques milieux littéraires.

1902. Divorce du couple Tcherniak. La mère emmène sa fille à Paris, où elle se remarie très vite après que le divorce a été prononcé. Installation rue Flatters, dans le Ve arrondissement.

1902-1906. Natacha retrouve son père un mois par an, pour les vacances, soit à Ivanovo, soit en Suisse.

1906. Retour en Russie, à Saint-Pétersbourg. En octobre, l'oncle paternel de Natacha, Jakob Tcherniak est impliqué dans l'attaque d'un fourgon postal par des révolutionnaires maximalistes. Venu en France pour tenter d'aider son frère qui s'est réfugié en Suède, Ilya Tcherniak se verra finalement dans l'obligation de s'installer définitivement à Paris. Jakob, lui, sera retrouvé mort sur le bateau qui le ramenait sur le continent. Accusant l'Okhrana de l'avoir fait assassiner, les socialistes feront de lui un des héros de la révolution future.

1909. Pauline Chatounovsky confie Natacha à son père remarié à son tour. Nathalie Sarraute ne retournera en Russie qu'épisodiquement à partir de 1936.

1912. Certificat d'études. Entrée au Lycée Fénelon. C'est sur cette entrée au lycée que s'achèvera l'« autobiographie » *Enfance*.

1920. Licence d'anglais à la Sorbonne.

1920-1921. Études à Oxford, en vue d'un B. A. d'histoire.

1921-1922. Études d'histoire et de sociologie à Berlin.

1922. Licence de droit à la Faculté de Paris.

1924. Lecture de Proust.

1925. Mariage avec Raymond Sarraute, avocat, rencontré en 1923 à la Faculté de droit. Le couple aura trois filles : Claude, Anne et Dominique.

1926. Lecture d'*Ulysse* de James Joyce et de *Mrs Dalloway* de Virginia Woolf (« Une voie nouvelle s'est alors ouverte pour moi »).

1932-1939. Rédaction puis publication de *Tropismes*, qui paraît chez Denoël. Lettres de Sartre et de Max Jacob, mais un seul compte rendu, positif, de Victor Moremans, dans *La Gazette de Liège* (23 mars 1939).

Pendant la guerre, pour échapper aux dénonciations et aux persécutions contre les juifs, Nathalie Sarraute doit se réfugier à Parmain, dans le Val-d'Oise. Tout en se faisant passer pour l'institutrice de ses filles, elle continue d'écrire.

1948. *Portrait d'un inconnu* paraît chez Robert Marin avec une préface de Jean-Paul Sartre. Les publications se suivront dès lors régulièrement (voir la bibliographie pour de plus amples précisions).

1949. Nathalie et Raymond Sarraute achètent une maison à Chérence, près de Mantes-la-Jolie. Une partie importante de l'œuvre de l'écrivain y sera rédigée. La même année meurt Ilya Tcherniak, père de Nathalie Sarraute.

1953. Parution de *Martereau* aux Éditions Gallimard auxquelles la romancière-dramaturge restera fidèle par la suite.

1956. Parution de *L'Ère du soupçon*, qui rassemble plusieurs essais de Nathalie Sarraute. Le recueil forcera les critiques à s'intéresser de plus près à une œuvre qu'ils avaient jusqu'ici souvent négligée. Il a été à l'origine de ce qu'on a appelé le Nouveau Roman.
La même année meurt la mère de l'écrivain.

1957. *Tropismes* repris aux Éditions de Minuit avec cinq textes de plus.

1959. Parution du *Planétarium*.

1963. Parution des *Fruits d'or* (le livre obtient en 1964 le Prix International de Littérature).

1964. Parution du *Silence* (dans la revue *Le Mercure de France*).

1966. Parution du *Mensonge* (dans les *Cahiers Renaud-Barrault*).

1968. Parution de *Entre la vie et la mort*.

1970. Parution de *Isma*.

1971. Nathalie Sarraute participe au colloque sur le Nouveau Roman, organisé à Cerisy-la-Salle par Jean Ricardou et qui regroupe également Claude Simon, Alain Robbe-Grillet, Claude Ollier et Robert Pinget.

1972. Parution de *Vous les entendez ?*

1973. Parution de *C'est beau* (dans les *Cahiers Renaud-Barrault*). Docteur *honoris causa* de Trinity College (Dublin).

1976. Parution de *« disent les imbéciles »*.

1978. Parution de *Elle est là* (dans le volume *Théâtre* qui rassemble également les quatre premières pièces de l'écrivain).

1980. Parution de *L'Usage de la parole*. La même année, Nathalie Sarraute est faite docteur *honoris causa* de l'université de Canterbury.

1982. Parution de *Pour un oui ou pour un non*.

1983. Parution d'*Enfance*.

1986. Les essais intitulés *Paul Valéry et l'enfant d'éléphant* et *Flaubert le précurseur*, parus auparavant dans des revues (respectivement en 1947 et 1965), sont rassemblés et publiés en un volume.

1989. À Cerisy-la-Salle, un colloque international est consacré à l'œuvre de Nathalie Sarraute, à l'occasion du cinquantenaire de la publication de *Tropismes*. La même année paraît *Tu ne t'aimes pas*.

1991. Nathalie Sarraute est faite docteur *honoris causa* de l'université d'Oxford.

1995. *Ici*.

1996. Les *Œuvres complètes* de Nathalie Sarraute sont publiées dans la Bibliothèque de la Pléiade, privilège accordé à un très petit nombre d'auteurs de leur vivant.

1997. *Ouvrez*.

1999. Le 19 octobre, Nathalie Sarraute meurt chez elle, à Paris. Elle laisse inachevée une septième pièce, commencée après la rédaction d'*Ouvrez*. Elle est enterrée auprès de son mari, dans le petit cimetière de Chérence.

Depuis 1959, Nathalie Sarraute n'a cessé d'être invitée par des universités étrangères pour y prononcer des conférences. Parmi les pays concernés, citons notamment l'Allemagne, l'Argentine, l'Autriche, le Brésil, le Canada, le Chili, Cuba, le Danemark, l'Égypte, l'Espagne, les États-Unis, la Finlande, la Grande-Bretagne, l'Inde, l'Iran, l'Irlande, Israël, l'Italie, le Japon, la Norvège, la Pologne, la Suède, la Suisse, la Tchécoslovaquie, l'Union Soviétique et la Yougoslavie.

Par ailleurs, l'œuvre de Nathalie Sarraute est traduite en plus de trente langues.

Six films ont été tournés sur elle :
« Nathalie Sarraute ou Portrait d'une inconnue », émission

de Francine Mallet, diffusée sur Antenne 2, le 31 mai 1976.

« Regard sur l'écriture : Nathalie Sarraute », film vidéo réalisé par Simone Benmussa (coproduction Centre Pompidou, Éditions Gallimard et Ministère des Affaires Étrangères, 1978).

« Nathalie Sarraute ou la voix de l'indicible », film d'Yves Kovacs, diffusé sur Antenne 2, le 8 février 1979.

« Nathalie Sarraute, écrivain des mouvements intérieurs », portrait-interview réalisé par Isabelle de Vigan, production Unités Mobiles de Télévision (8, boulevard de l'Hôpital, Paris, Vᵉ), 1982.

« Conversations avec Claude Régy », coproduction La Sept/I.N.A., 1989, couleur, 16 mm, 1 heure 38 minutes.

« Nathalie Sarraute », émission de Jacques Doillon dans la série « Un siècle d'écrivains » de Bernard Rapp, diffusée sur France 3 le 27 septembre 1995, 1 heure.

Signalons également que deux pièces de Nathalie Sarraute ont fait l'objet de films pour la télévision :

C'est beau, mise en scène Michel Dumoulin, avec Jacques Dufilho, Dominique Blanchar et Fabrice Eberhard, et les voix de Colette Bergé, Françoise Thernisien, Rena Kerner et Hervé Claude, Antenne 2, 1980.

Pour un oui ou pour un non, mise en scène Jacques Doillon, avec Jean-Louis Trintignant, André Dussolier, Joséphine Derenne et Pierre Forget, INA/Lola Films/La Sept, 1988.

APPENDICE

Entretien avec Nathalie Sarraute
paru dans *Le Monde* du 18 janvier 1967

Déjà le passage du roman à la pièce radiophonique me paraissait impossible ; mais avec le théâtre j'aborde un domaine tout à fait nouveau. J'étais sûre que je ne pourrais pas montrer ce que je voulais avec des dialogues qui ne seraient pas préparés comme ils le sont dans mes livres. Je n'imaginais aucune incarnation de ces voix et j'avais commencé, en 1963, par refuser de donner une pièce à la radio allemande.

Ces mouvements intérieurs, à peine perceptibles, que le dialogue, dans mes romans, camoufle autant qu'il les révèle, il m'a fallu essayer de les exprimer par le dialogue lui-même, un dialogue tout à fait naturel, comme si les gens qui parlent vivaient au niveau où ces mouvements se produisent. Ici, le dialogue exprime directement ce qui, dans mes romans, est montré par des rythmes, des images.

C'est pour moi une expérience très intéressante que de voir les deux pièces [*Le Silence* et *Le Mensonge*] montées sur un théâtre : il y a souvent dans les jeux de scène des acteurs une sorte d'amplification de ces mouvements intérieurs qui leur donne une autre dimension encore qu'à la lecture ou à la radio. Ils deviennent à la fois plus nets, plus amples et, parfois, plus subtils. Il me semble que le théâtre est comme une nouvelle loupe, ajoutée aux autres. [...]

Le théâtre, c'est une autre façon de montrer cette substance dans laquelle je n'ai cessé de travailler, qui est la substance de mes livres, une substance anonyme, qui existe chez tous. Ces choses dont parlent mes personnages ne sont pas celles dont on parle naturellement. D'ordinaire, ces mouvements n'ont pas droit de cité. Ils se produisent comme à notre insu dans des régions de nous-mêmes où la prudence nous empêche de nous aventurer. On n'en parle pas.

Ici, c'est le contraire. Et, ce que je n'ai pas eu besoin de faire dans le roman, où le langage permet d'exprimer ce que le dialogue ne peut pas rendre, il m'a fallu créer ici un dialogue irréel, fait pourtant de mots courants, pour exprimer ce dont on ne parle pas. On utilise les mots et les façons de s'exprimer les plus ordinaires, mais ce qu'on dit n'est pas ce dont on parle... De telles conversations n'ont jamais lieu, en réalité.

Quand quelqu'un garde le silence, il se produit parfois un malaise. Tout au plus fait-on un effort pour que celui-ci puisse participer à la conversation ; s'il s'y refuse, chacun dans l'assistance fera en sorte de l'oublier, de n'y plus prendre garde. Dans ma pièce, celui qui se tait agit sur les autres par son silence, et eux réagissent à lui et réagissent entre eux. Il y a une sorte de lutte. C'est un moment de malaise fantastiquement grossi, comme vu au microscope. C'est réel, mais ce n'est pas réaliste. [...]

[Peut-on encore parler de psychologie ?] Tout dépend de ce qu'on entend par psychologie. Si l'on entend par là l'analyse des sentiments, la recherche des mobiles de nos actes, l'étude des caractères, alors je ne crois pas que mes romans, ni mes pièces, soient psychologiques. Chez moi, il s'agit de montrer des actions intérieures en train de se faire, des actes en train de se produire qui ne sont pas analysés mais seulement donnés, et une sorte d'action qui se produit absolument chez tout le monde, dont les personnages ne sont que des supports de hasard. Si cela, c'est-à-dire cette recréation d'un univers mental, peut être considéré comme de la psychologie, je crois que mes romans et mes pièces sont de la psychologie et, à ce compte-là, je ne connais aucune œuvre littéraire qui ne soit psychologique.

[Et peut-on encore parler de théâtre, d'action dramatique ?] Je le crois. C'est un théâtre de langage. Il n'y a que du langage. Il produit à lui seul l'action dramatique... Je pense que c'est une action dramatique véritable, avec des péripéties, des retournements, du suspense, mais une progression qui n'est produite que par le langage.

(Propos recueillis par Nicole Zand)

NOTE SUR LA CRÉATION DU
SILENCE

Le Silence, pièce radiophonique, a été créé en avril 1964, dans la traduction allemande d'Elmar Tophoven, par la Süddeutscher Rundfunk qui, en la personne de Werner Spies (devenu par la suite critique d'art et spécialiste de Max Ernst), avait passé commande du texte à Nathalie Sarraute. Ce n'est que plus tard que l'œuvre sera reprise par la radio française.

Le texte est porté à la scène par Jean-Louis Barrault, qui le crée en même temps que *Le Mensonge*, pour l'inauguration de la petite salle du théâtre de l'Odéon, le 14 janvier 1967. La distribution est alors la suivante [1] :

F. 1	*Madeleine Renaud*
F. 2	*Paule Annen*
F. 3	*Nelly Benedetti*
F. 4	*Marie-Christine Barrault*
H. 1	*Dominique Paturel*
H. 2	*Amidou*
JEAN-PIERRE	*Jean-Pierre Granval*

1. Celle de la reprise dans la mise en scène de Jacques Lassale (décor d'Alain Chambon), pour l'inauguration du Vieux-Colombier restauré, le 7 avril 1993, est la suivante : H1 : Jean-Baptiste Malartre ; H2 : Gérard Giroudou ; Jean-Pierre : Olivier Dautrey ; F1 : Françoise Seigner ; F2 : Martine Chevallier ; F3 : Sylvia Bergé ; F4 : Bérengère Dautun.

La mise en scène, malgré un dispositif scénique relativement sobre, tend, dans l'ensemble, à donner l'idée d'une atmosphère mondaine, qui contribuera en partie aux contresens faits par certains journalistes sur les pseudo-conversations de salon de la pièce. Quelques articles de l'époque nous permettent de nous faire une idée de l'organisation de l'espace et de la direction d'acteurs :

Double événement, cette semaine, au Théâtre de France, où Jean-Louis Barrault a inauguré une seconde salle et où Nathalie Sarraute a fait ses débuts d'auteur dramatique. Conçu par l'architecte Zehrfuss, le Petit Odéon se trouve très ingénieusement casé dans l'ancien foyer : posé de biais, un tréteau en forme de L, dont une des branches pénètre parmi les fauteuils, un minuscule balcon dressé sur des tubulures, un mouchoir de poche en guise d'orchestre, du gris, du noir et du blanc, cent dix-huit places en tout. Dans ce lieu où rien ne sépare comédiens et spectateurs, il est impossible de planter des décors, de jouer des lumières, de compartimenter l'espace : on y travaille sans filet, rien dans les mains, rien dans les poches, en renonçant aux prestiges les plus élémentaires de l'illusion théâtrale. Un regard jeté trop loin, une voix qui se gonfle plus que de raison, voire un maquillage un peu appuyé, et l'équilibre risque de se rompre : les acteurs — on s'en aperçoit d'emblée — ne parviendront pas du premier coup à imposer le style nouveau, souhaitable ici, mais je prends le pari qu'ils s'y ajusteront par degrés. [...]

Jean-Louis Barrault a réussi à traduire physiquement dans sa mise en scène ce va-et-vient de bourrasques, d'accalmies et de remous presque imperceptibles. Il a été, à son tour, bien servi par ses comédiens [...] : à tous cependant, sauf à Madeleine Renaud (qui n'a que quelques phrases à dire), il manque encore un je ne sais quoi d'assourdi et « d'intérieur » pour entrer dans le ton de ces infimes tragédies où rien n'a tout à fait de nom (Robert Abirached, L'Observateur, *25 janvier 1967).*

Jacques Lemarchand écrivit pour sa part :

Voilà donc ouvert au public ce Petit Odéon, depuis longtemps annoncé et espéré. Cent douze places [Abirached en comptait cent dix-huit]. Une scène qui ne peut supporter de décors. Un podium qui, discrètement, fait des avances au public. Un balcon léger, incorporé ou presque à l'orchestre. Oui, ce Petit Odéon conçu par l'architecte Zehrfuss, est bien l'instrument de théâtre dont la disparition de tant de petites salles nous faisait rêver. Jean-Louis Barrault le dit : c'est un « lieu scénique » dangereux, plein de pièges — car il exige des textes. J'imagine mal que l'on puisse tricher dans cette salle : cela se saurait tout de suite. [...]

Ces deux moments excellents d'un théâtre en train de se faire sont joués dans le mouvement le plus juste : celui que veut Jean-Louis Barrault pour le Petit Odéon. Cela ressemble à une improvisation. Tout ce qui n'est pas dit se joue sur les visages de Madeleine Renaud, de Dominique Paturel, de Gabriel Cattand. Jean-Pierre Granval, dans les silences du Silence *comme dans les abondantes et cyniques, et soulageantes déclarations du* Mensonge, *tient la petite scène avec fermeté. Je n'ai qu'un reproche à faire à la mise en scène de Jean-Louis Barrault : elle ne nous permet pas suffisamment de nous amuser de ce comique très conscient que nous savourons à la lecture des livres de l'auteur du* Silence *et du* Mensonge. *Il est là, pourtant : il sous-tend à la fois le dialogue et les situations. Il est très digne d'évoquer celui de Proust chez les Verdurin — mais il est bien de notre temps* (Le Figaro littéraire, *26 janvier 1967*).

Si l'allusion à Proust n'est pas déplacée ici, elle peut paraître à double tranchant. Ni la scène du *Silence*, ni celle du *Mensonge* ne sont des avatars du salon Verdurin. Faute de l'avoir remarqué, certains critiques n'ont pu apprécier la nouveauté de l'écriture dramatique de Sarraute. Nombreux sont ceux, d'ailleurs, qui refusèrent à la romancière (et l'on est tenté de penser : *uniquement parce qu'elle était au départ romancière*) tout talent de drama-turge. Certains la condamnèrent même, au nom de l'intellectualisme primaire qu'on lui prêtait, quand ils ne réduisaient pas son œuvre à une inoffensive musique de chambre, ou pire à une pure expérience destinée à ne pas avoir de suite. On trouvera ci-dessous quelques échantillons des différents genres :

L'Aurore (19 janvier 1967), André Ransan :

On n'expose ici que des « idées », avec clarté d'ailleurs, et qui sont attachantes. Mais il est évident que les personnages défen-seurs de ces idées ne peuvent nous apparaître que comme des allé-gories et non comme des êtres humains aux réactions humaines. Ils nous intéressent toujours ; ils ne nous touchent jamais. Ainsi nous propose-t-on une sorte de jeu intellectuel [...]. Mme Natha-lie Sarraute, grande romancière, deviendra-t-elle un auteur dra-matique ? Nous attendrons sa première pièce avec curiosité et sympathie.

Combat (19 janvier 1967), Jean Paget :

Je ne sais si le talent (très grand talent) de romancière de Nathalie Sarraute est vraiment à l'aise dans le strict dialogue théâtral [...]. Il est possible que ces deux pièces austères [Le Silence *et* Le Mensonge], *non dépourvues d'humour, quoi qu'il en soit, aient été jouées trop gravement par la troupe de l'Odéon, dirigée par Barrault. Il arrive à Nathalie Sarraute de sourire.*

Le Monde (19 janvier 1967), Bertrand Poirot-Delpech :

Expérimentation pure sur le langage, recherche implacable de ce qu'il cache et trahit : on reconnaît les thèmes qui ont soutenu et consacré toute l'œuvre de Nathalie Sarraute. Il se trouve qu'au théâtre elle a eu plus de devanciers que dans le roman, de Tchek-hov à James, et de Duras à Brice Parain. Ces deux textes ont été écrits pour la radio, où l'on devait moins sentir qu'à la scène leur caractère démonstratif de psychodrames désincarnés. [...] Mais il est passionnant d'avoir l'œil et l'oreille collés à ces grands solistes que sont Madeleine Renaud, Annie Bertin, Dominique Paturel, Gabriel Cattand. L'important est qu'ils aient à leur disposition l'instrument qui leur manquait et qu'ils suscitent des vocations d'auteurs aussi doués que Nathalie Sarraute pour la musique de chambre d'aujourd'hui.

Arts (25 janvier 1967), G.S. :

C'est mince, intelligent, subtil, ravissant et un peu ennuyeux.

Les Nouvelles littéraires (26 janvier 1967), Gabriel Marcel :

Les deux petites pièces que nous venons de voir mériteraient plutôt le nom d'exercices [...]. Je crains que Mme Sarraute ne se fasse illusion sur la nouveauté de ce qu'elle a tenté. Tout théâtre psychologique, digne de ce nom, depuis Marivaux, implique chez l'auteur cette façon de faire affleurer l'inconscient par le détour du dialogue. Si quelque chose est nouveau ici, c'est une sorte de pauvreté ou d'assèchement qui tend à désindividualiser les personnages au maximum. C'est là, je pense, tout autre chose qu'un progrès [...]. Enfin, je suis convaincu que c'est là une impasse.

Paris-Presse (1er février 1967), Pierre Marcabru, « Théâtre de chambre ou théâtre de salon ? Non, théâtre de laboratoire. »

Je ne suis pas certain que ces deux petites pièces annoncent un auteur dramatique, mais je suis certain qu'il était bon de les montrer, ne serait-ce même que pour témoigner de leur acuité psychologique et de leur faiblesse dramatique.

On ne saurait montrer plus clairement la mécompréhension avec laquelle la pièce fut reçue par certains...

Laboratoire intellectuel, expérience littéraire sans réalité scénique, *Le Silence* serait tout sauf du théâtre. Et c'est vrai, en un sens ! il est tout sauf une forme figée dans le naturalisme désuet d'un quatrième mur inexistant, il est tout sauf une nouvelle variation d'un psychologisme quelque peu écœurant. Il travaille non pas à la surface de l'être, non au niveau du masque social auquel la critique est le plus souvent restée, mais dans les profondeurs du tropisme (petit glissement intérieur informulable) où l'émotion ne se cache pas mais fait éclater la gangue du langage.

Tous les journalistes cependant, tant s'en faut, n'ont pas affiché la même myopie — qu'il est, reconnaissons-le toujours facile de dénoncer avec le recul. On notera en particulier l'éloge décerné au spectacle, dans *Les Lettres Françaises* (26 janvier 1967), par Elsa Triolet, qui disait cependant préférer *Le Mensonge*, qu'elle trouvait « plus plein, plus excitant ». Robert Abirached, de son côté, salua, dans la *N.R.F.* (1er juin 1967), la naissance d'une écriture dramatique riche et originale :

Un nouvel auteur de théâtre nous est né, enfin, en la personne de Nathalie Sarraute, dont le Théâtre de France a présenté deux pièces brèves, Le Silence *et* Le Mensonge. *La réussite tient de la gageure : la romancière de l'extrêmement petit et des tropismes infinitésimaux avait écrit ces deux ouvrages pour la radio, mais il faut dire qu'ils constituent à la scène un exemple très probant et très original de théâtre de chambre [...]. Si bien que l'art de Nathalie Sarraute parvient à reconstituer, à l'échelle microscopique, les péripéties et les progrès qu'on demande communément à une action dramatique, mais ce va-et-vient minutieux de bourrasques, d'accalmies et de remous presque imperceptibles est traduit par la seule vertu du langage. Les mots sont à la fois le scalpel et la chair, le réel et la représentation, le trouble et la clarté : je ne connais rien dans la littérature contemporaine de plus raffiné et de plus émouvant que ce jeu qui ne cesse de se menacer lui-même de l'intérieur.*

Il y aurait cependant beaucoup à dire sur la notion de « théâtre de chambre » appliquée aux pièces de Sarraute qui, par l'imaginaire qu'elles charrient, dépassent très largement le cadre confiné du salon ou de la « chambre ». C'est pourquoi ce fut sans doute André Alter qui rendit le mieux compte de l'événement que constituait la venue de Sarraute au théâtre, lorsqu'il écrivit dans *Témoignage chrétien* (26 janvier 1967) :

Il ne s'agit donc pas de théâtre psychologique, mais d'un théâtre qui cherche à surprendre le langage à sa source, alors qu'il tente encore seulement de saisir et de dire, dans un même mouvement, la réalité dans le jaillissement de la toute première perception que nous en avons [...]. Un langage dramatique est en train de naître aux confins de la nuit.

Ce langage dramatique nouveau, il nous appartient encore aujourd'hui de le découvrir dans toute sa richesse, en faisant abstraction de toute idée reçue et en prêtant l'oreille à ce monde intérieur en ébullition qui nous est donné à voir dans la violence et l'humour mêlés qui sont les siens.

BIBLIOGRAPHIE SOMMAIRE

1. ÉDITIONS DU *SILENCE*

Parue d'abord en revue, la première pièce de Nathalie Sarraute a connu plusieurs rééditions successives.

Le Silence, pièce radiophonique, *Mercure de France*, vol. CCCXLIX, n° 1204 (février 1964), p. 163-185.

Le Silence, suivi de *Le Mensonge*, Gallimard, 1967, 127 p.

Isma ou Ce qui s'appelle rien, suivi de *Le Silence* et *Le Mensonge*, Gallimard, Le Manteau d'Arlequin, 1970, 109 p.

Théâtre : Elle est là, C'est beau, Isma, Le Mensonge, Le Silence, Gallimard, 1978, 153 p.

2. AUTRES ŒUVRES DE NATHALIE SARRAUTE

Nous indiquons d'abord la première édition, puis les changements d'éditeur le cas échéant, et le numéro de la collection Folio lorsque le texte y est disponible.

Tropismes, Denoël, 1939 ; réédition : Minuit, 1957.

Portrait d'un inconnu, préface de Jean-Paul Sartre : Éditions Robert Marin, 1948 ; réédition : Gallimard, 1956 (Folio n° 942).

Martereau, Gallimard, 1953 (Folio, n° 136).

L'Ère du soupçon, Gallimard, 1956 (Folio essais, n° 76).

Le Planétarium, Gallimard, 1959 (Folio, n° 92).

Les Fruits d'or, Gallimard, 1963 (Folio, n° 390).

Entre la vie et la mort, Gallimard, 1968 (Folio, n° 409).

Vous les entendez ?, Gallimard, 1972 (Folio, n° 839).

« disent les imbéciles », Gallimard, 1976 (Folio, n° 997).

L'Usage de la parole, Gallimard, 1980 (Folio, n° 1435).

Pour un oui ou pour un non, Gallimard, 1982.

Enfance, Gallimard, 1983 (Folio, n° 1684).

Paul Valéry et l'enfant d'éléphant suivi de *Flaubert le précurseur*, Gallimard, 1986.

Tu ne t'aimes pas, Gallimard, 1989 (Folio, n° 2302).

La « Bibliothèque de la Pléiade » prépare par ailleurs une édition des œuvres complètes de Nathalie Sarraute.

3. ÉTUDES GÉNÉRALES SUR L'ŒUVRE DE NATHALIE SARRAUTE

a. *Thèses et essais*

Benmussa (Simone), *Nathalie Sarraute*, La Manufacture (Qui êtes-vous ?), 1987.

Calin (Françoise), *La Vie retrouvée. Étude de l'œuvre romanesque de Nathalie Sarraute*, Minard, Lettres Modernes (Situations, n° 35), 1976.

Cranaki (Mimika) et Belaval (Yvon), *Nathalie Sarraute*, Gallimard (La Bibliothèque Idéale), 1965.

Micha (René), *Nathalie Sarraute*, Éditions Universitaires (Classiques du xxᵉ siècle, n° 81), 1966.

MINOGUE (Valérie), *Nathalie Sarraute and the War of the Words*, Edinburgh University Press, 1981.

NEWMAN (Anthony S.), *Une poésie des discours. Essai sur les romans de Nathalie Sarraute*, Droz (Histoires des idées et critique littéraire, n° 159), 1976.

PIERROT (Jean), *Nathalie Sarraute*, José Corti, 1990.

RAFFY (Sabine), *Sarraute romancière*, Peter Lang, New York (American University Studies, Serie II : Romance Languages and Literature, vol. 60), 1988.

RYKNER (Arnaud), *Nathalie Sarraute*, Éditions du Seuil (Les Contemporains, n° 10), 1991.

TEMPLE (Ruth Z.), *Nathalie Sarraute*, Columbia University Press (Columbia Essays on Modern Writers), 1968.

TISON BRAUN (Micheline), *Nathalie Sarraute ou la recherche de l'authenticité*, Gallimard, 1971.

b. *Numéros spéciaux consacrés à Nathalie Sarraute*

L'Arc, n° 95 (1984).

Digraphe, n° 32 (mars 1984).

Magazine littéraire, n° 196 (juin 1983).

Revue des Sciences Humaines, n° 217 (premier trimestre 1990).

4. ARTICLES ET ESSAIS
SUR LE THÉÂTRE DE NATHALIE
SARRAUTE

BOURAOUI (H.A.), « Silence ou mensonge : dilemme du nouveau romancier dans le théâtre de Nathalie Sarraute », *The French Review*, XLV, Special Issue 4 (1972).

CAGNON (Maurice), « Les pièces de Nathalie Sarraute : voix et contrevoix », *Bulletin des jeunes romanistes*, 20 (juin 1974).

DAUBENTON (Annie), « Les faits divers de la parole », *Nouvelles littéraires*, n° 2719 (10-17 janvier 1980), Entretien avec Nathalie Sarraute et Claude Régy.

GOITEIN (Denise), « Nathalie Sarraute as dramatist », *Yale French Studies*, n° 46 (1971).

RÉGY (Claude), « Nathalie Sarraute : un théâtre d'action. *C'est beau* : un théâtre de la violence », *Cahiers Renaud-Barrault*, n° 89 (1975).

RYKNER (Arnaud), *Théâtres du Nouveau Roman — Sarraute, Pinget, Duras*, José Corti, 1988.

NOTES

Le texte de la présente édition est celui paru en 1978 dans le volume *Théâtre* (qui ne comportait que quelques rares variantes par rapport au texte original). Deux nouvelles corrections ont été par ailleurs apportées par l'auteur (v. notes 2 p. 31 et 1 p. 42).

Page 27.

1. Ces « fenêtres surmontées de petits auvents de bois découpé » sont un souvenir des maisons d'Ivanovo. Dans *Enfance*, Nathalie Sarraute y fera de nouveau allusion (« une longue maison de bois à la façade percée de nombreuses fenêtres surmontées, comme de bordure de dentelle, de petits auvents de bois ciselé... », Folio, p. 41).

Page 31.

1. La didascalie, issue directement de la pièce radiophonique, comme toutes les autres, prend tout son intérêt et toute son ambiguïté sur une scène. D'où vient le rire ? À la radio, il se fond parmi les autres voix, placé sur le même plan qu'elles ; comment parvenir au théâtre à conserver cette désincarnation ? Faire rire explicitement Jean-Pierre, c'est perdre ce que cette voix sortie d'on ne sait où (n'est-elle pas d'ailleurs purement imaginaire ?) a de troublant, ce qu'elle a de décentré. En ce sens, la mise en scène des œuvres dramatiques de Sarraute est un formidable défi,

et répondre aux problèmes qu'elles posent c'est peut-être approcher l'essence du théâtre, en ce qu'il confronte, plus que tout autre, une image mentale abstraite (et qui doit le rester) à la présence des corps et des voix des acteurs.

2. Variante : le texte des éditions de 1964 et 1967 est : « F.1, *très digne* : C'est Jean-Pierre qui vient de rire. Mon neveu. Avouez qu'on rirait à moins. » La suppression du « Mon neveu » dans les éditions suivantes correspond à un souci d'éliminer toute détermination (sociale, familiale, etc.) qui risquerait de nous faire croire à l'existence de « personnages » là où il n'y a que des *voix*. D'autre part, Nathalie Sarraute supprime également, pour la présente édition, la didascalie « très digne », qui était demeurée en 1978 alors qu'elle n'avait de sens qu'au regard de la réplique « Mon neveu ».

Page 32.

1. « Pardonnez-leur, ils ne savent pas ce qu'ils font » : allusion, bien sûr, à la parole du Christ en croix, « Père, pardonne-leur : ils ne savent pas ce qu'ils font » (Luc, 23, 34).

2. « Tout comprendre, c'est tout pardonner » : il s'agit d'un *topos* que l'on trouve notamment chez Mme de Staël (*Corinne ou l'Italie*).

Page 33.

1. « Un petit mot de vous et on se sentirait délivrés » : reprise des paroles du rituel catholique que l'on prononce juste avant la communion, « dis seulement une parole et je serai guéri ». Cette formule est elle-même une reprise de l'épisode des évangiles où un centurion accueille le Christ en ces termes : « Seigneur, je ne mérite pas que tu entres sous mon toit, mais dis seulement un mot et mon enfant sera guéri » (Matthieu 8, 8 ; Luc 7,7).

Page 37.

1. Ici, comme plus loin, Nathalie Sarraute règle ses comptes avec la psychanalyse, la psychologie, etc. : celles-ci fournissent un peu trop aisément à son goût de fastidieuses explications qui détruisent ce qu'elles prétendent éclairer en l'enfouissant sous des catégories toutes faites (complexes, frustrations, etc.).

Page 42.

1. Variante : le texte de toutes les précédentes éditions était : « Oui, à cet âge… mais depuis, je vous assure que ça m'est passé… » et prêtait légèrement à confusion puisque c'est F. 4 et non F. 3 qui disait avoir été longtemps séduite par les « gens silencieux ». Nathalie Sarraute a donc légèrement modifié le passage pour cette nouvelle édition.

Page 43.

1. Marthe : le texte de 1964 appelait, par erreur, Marianne, ce personnage désigné par le prénom Marthe dans d'autres répliques. L'édition de 1967 rectifiera l'erreur dans ce passage, mais la transportera, étrangement, en tête du texte : dans la liste des personnages, elle fera en effet suivre la mention « F. 4 » du prénom « Marianne » entre parenthèses. L'édition de 1978 met fin à l'équivoque. Il n'y a donc rien à conclure du sort subi par la malheureuse Marthe, si ce n'est qu'elle reste dans tous les cas le seul personnage à posséder, avec Jean-Pierre, un semblant d'état civil. Or, après Jean-Pierre, précisément, elle est bien la moins diserte de tous, puisqu'elle ne prononce que douze répliques. Comme si ceux qui parlaient perdaient leurs noms, privilège réservé à ceux qui savent se taire…

Page 45.

1. On pense aussi, entre autres, à la tante du *Planétarium*.

Page 46.

1. « le report et le déport » : termes de droit financier. « Lorsqu'un spéculateur désire reporter à une date ultérieure le dénouement d'une opération de Bourse, il pratique un *report*. » Le déport est le « loyer d'un titre prêté à un spéculateur vendant à découvert et qui, ne pouvant, dans certains cas exceptionnels, se procurer ce titre, est obligé de le louer jusqu'à l'échéance suivante » *(Grand Larousse Encyclopédique)*.

On se souviendra que Nathalie Tcherniak passa une licence de droit, et que c'est à la Faculté de droit qu'elle fit, en 1923, la connaissance de Raymond Sarraute, qu'elle devait épouser en 1925.

Page 49.

1. L'arme la plus souvent employée par les personnages sarrautiens est l'acte de nomination qui permet de figer le partenaire dans une catégorie toute faite (cf. plus haut : « Oui, oui, timide. Il est timide. Oui, c'est ça, vous l'avez dit », « Vous êtes, vous, si pur », etc., et plus tard « Vous êtes destructeur » ou « Monsieur est snob »). On notera que l'étiquette « poète » est toujours dangereusement efficace dans ce type de situation. Ici, H. 1 se rassure grâce à elle ; dans *Pour un oui ou pour un non*, H. 1 exécutera H. 2 en voulant la lui appliquer.

2. George Sand était effectivement connue pour une certaine aptitude à se taire. Maxime Du Camp raconte en ces termes sa première rencontre avec l'auteur de *La Mare au diable* : « Lorsque je la vis pour la première fois, elle était bien près d'avoir soixante ans. C'était dans un petit appartement de la rue Racine ; il fallait montrer

patte blanche et dire : "Shiboleth" avant d'être introduit.
L'entrée du salon où elle se tenait était gardée par un
homme d'assez fâcheuse apparence, de visage maigre, de
regard mobile, de mains douteuses. C'était un graveur
délabré qu'elle traînait à sa suite et qui semblait exercer
autour d'elle une surveillance inquiète. Elle roula une
cigarette qu'elle m'offrit, parla fort peu, et, me voyant
surpris de son silence, elle me dit : "Je ne dis rien, parce
que je suis bête." Ceci était excessif ; elle n'était que
timide, et, comme les gens qui écrivent beaucoup, elle
éprouvait quelque charme à se taire » (*Souvenirs littéraires*,
« Lui et Elle », Balland, 1984, p. 244).

Page 51.

1. Les structures du psychodrame reviennent souvent
dans le théâtre de l'auteur. Les personnages, pour exor-
ciser ce qu'a d'intenable la situation où ils sont plongés,
tentent fréquemment de rejouer la scène originelle qui
créa le conflit. Dans *Le Mensonge*, ils chercheront ainsi à
soigner Pierre (qui ne peut s'empêcher de relever tous
les petits mensonges de ses interlocuteurs) en déléguant
à l'un d'eux la fonction de menteur absolu, ledit Pierre
devant apprendre à se maîtriser et à rester silencieux
quoi qu'il advienne. Le problème est que les psychodrames sarrautiens tournent toujours mal, et ne font
qu'aggraver les tensions initiales jusqu'à les rendre insup-
portables. (En ce qui concerne cet aspect de la dramatur-
gie sarrautienne, nous nous permettrons de renvoyer le
lecteur intéressé par de plus amples précisions à notre
étude *Théâtres du Nouveau Roman — Sarraute, Pinget,
Duras*, José Corti, 1988.)

Page 53.

1. C'était bon pour Baudelaire (*Petits poèmes en prose*,
XXXV), Mallarmé (*Poésies*)... ou Jacques Brel (*Chansons*).

Page 55.

1. La citation exacte est : « Dans le monde invisible comme dans le monde réel, si quelque habitant des régions inférieures arrive, sans en être digne, à un cercle supérieur, non seulement il n'en comprend ni les habitudes ni les discours, mais encore sa présence y paralyse et les voix et les cœurs » (Folio, p. 66). L'allusion au cercle supérieur renvoie à une discussion de Louis Lambert et du narrateur sur les thèses mystiques de Swedenborg : « En apparence confondues ici-bas, les créatures y sont [dans les cieux], suivant la perfection de leur *être intérieur*, partagées en sphères distinctes dont les mœurs et le langage sont étrangers les uns aux autres » (*ibid.*).

Page 63.

1. Les monastères de Gracanica (Bosnie-Herzégovine) et de Décani (Kosovo) marquent le sommet de l'art byzantin serbe du xive siècle. Nathalie Sarraute affirme cependant avoir choisi ces noms pour leur sonorité et non pour leur arrière-plan esthétique. Elle demanda à son mari des noms qui puissent résonner comme des coups que H. 1 assènerait à Jean-Pierre, avec détermination ; Raymond Sarraute lui suggéra ceux-ci.

2. Labovic : le guide bleu (1970) cite parmi les auteurs ayant traité de l'art médiéval en Yougoslavie Boskovic, Fiskovic, Petkovic et Radojcic. Mais là encore, la « couleur locale » du nom choisi a bien moins d'intérêt que l'articulation de ses sonorités, qui peut donner à l'échange un caractère presque irréel.

Page 64.

1. Cordier : le texte de 1964 disait « Soders ». Là également, Nathalie Sarraute dit avoir choisi le nom pour ses sonorités, et l'avoir changé pour une question d'interprétation (les acteurs de la radio et du Petit Odéon lui

avaient demandé s'il fallait ou non prononcer le « s »
final). Il est donc inutile de voir dans « Soders » une allusion à l'éditeur Seghers, et dans « Cordier » une allusion
au fondateur de la revue *L'Arc*...

RÉSUMÉ

Six personnages — ou plutôt six voix — se re-
trouvent dans l'impossibilité de poursuivre un dialogue « normal » à cause du silence d'un septième.
Ainsi h. i aurait-il bien voulu décrire les petits
auvents de bois qui l'avaient tant ému, mais le
mutisme de Jean-Pierre tranche trop sur les encou-
ragements des cinq autres pour ne pas miner la
conversation. Il suffit, en définitive, à empêcher tout
discours. Pourquoi Jean-Pierre se tait-il avec obstina-
tion ? Pourquoi ne répond-il pas quand on l'inter-
roge, parfois avec violence ? Que pense-t-il ? Porte-t-il
un jugement sur ses partenaires plus bavards ? est-il
hostile ? indifférent ?

L'existence de ce vide au cœur de l'échange tradi-
tionnel fait naître comme une spirale infernale où
chacun tour à tour est entraîné, jusqu'à la destruc-
tion de toute certitude, de toute vérité, de tout langage, et peut-être, en fin de compte, de toute existence.

Les quelques mots insignifiants que Jean-Pierre
finira par prononcer n'y pourront rien changer, malgré les apparences.

DU MÊME AUTEUR

Dans la même collection

POUR UN OUI OU POUR UN NON. *Édition présentée et établie par Arnaud Rykner.*

C'EST BEAU. *Édition présentée et établie par Arnaud Rykner.*

ELLE EST LÀ. *Édition présentée et établie par Arnaud Rykner.*

Composition Euronumérique.
Impression Bussière à Saint-Amand (Cher),
le 14 mars 2003.
Dépôt légal : mars 2003.
1ᵉʳ dépôt légal dans la collection : février 1993.
Numéro d'imprimeur : 31864.
ISBN 2-07-038669-4./Imprimé en France.

122516